새 떼를 따라가다

# 새 떼를 따라가다

김용선 수필집

고두미

□ 작가의 말

 잰걸음으로 가을이 오고 있음을 번번이 잊고 산다.
 우물쭈물하다 그만 담장과 처마 사이, 액자로 걸린 가을과 맞닥뜨렸다.
 뜨끔하다.
 허공을 손짓하다 떨어진 낙엽이 바스락바스락 땅에 대고 무슨 말인가 하고 있다.
 또랑또랑한 열매를 남기고 떨어지는 낙엽은 똘똘하다.
 제 몫을 다하고 원 없이 타오른 빛은 눈부시다.
 뿌리는 더 힘껏 땅과 깍지를 끼리라. 나붓나붓 봄날의 잎눈을 위해.

 미적미적하다가 분통이 터진 듯, 우중충 물든 잎이 내 어깨를 툭 친다.

 일기장을 뒤적이니 바스락거리는 소리가 난다.

미루기만 한다고 어수룩한 글이 반반해질 리 없다고 낙엽이 전하는 말을 듣고 용기를 낸다.

　전통의 묵은 정에 늘 눈길이 머문다.
　거센 물살에 조심스럽게 돌 하나를 놓는다.
　작지만 뭉근한 온기 느껴지는 징검돌을 놓고 싶다.

2022년 가을 끝자락 설연재에서
김용선

| 새 떼를 따라가다 차례 |

### 제1부 토렴하다

토렴하다 ___ 13
굴뚝 앞에 서서 ___ 17
당구삼년폐풍월 ___ 21
겨울 난초, 허난설헌 ___ 25
바람의 마디 ___ 30
토성의 그림자 ___ 34
틈과 길 ___ 39
연가의 연가 ___ 42
동백처럼만 ___ 46
귀 뚫어요 ___ 50

### 제2부 다산의 숨결

다산의 숨결 ___ 57
눈으로 듣다, 귀엣-고리 ___ 62
백일 미터의 고요 ___ 67

어느 수집가의 초대 ___ 71
동경을 동경하다 ___ 76
녹우당 ___ 80
배롱나무 옆, 눈썹지붕 ___ 84
탁족과 족욕 ___ 88
얼레빗 ___ 92
어처구니 있는 세상 ___ 96

## 제3부 새 떼를 따라가다

새 떼를 따라가다 ___ 103
취꽃 취향 ___ 108
소나무 꽃 ___ 112
따뜻한 돌 ___ 116
모과나무 그늘 아래 ___ 121
비 갠 후 ___ 125
시월에 ___ 129
햇살의 기울기 ___ 133

소리로 피는 꽃 ___ 137
마로니에 아래서 ___ 141

## 제4부 돋을볕

돋을볕 ___ 147
수선화 ___ 151
운무 내린 날, 떡차 ___ 155
차 그리고 술 ___ 160
유천수 돌확에 고인 별빛처럼 ___ 164
솔바람 소리, 찻물 끓이는 소리 ___ 169
박꽃처럼 피어나는 빛깔, 한지 ___ 173
꽃을 담다, 꽃을 닮다 ___ 178
책 읽는 바다 ___ 182
물소리 한 잔, 차 한 잔 ___ 186

**제5부 문살의 표정**

문살의 표정 ___ 193
떨림과 울림 ___ 197
눈물의 목차 ___ 201
담 ___ 205
문화의 꽃밭 ___ 209
민들레의 영토 ___ 213
쑥 향기에 실려 온 그리움 ___ 217
콩댐 ___ 221
동다리 ___ 225
거미줄에 옥구슬 ___ 229
낮에 나온 반달 ___ 233

## 제1부

# 토렴하다

따르고 부어서 섞이는 한 그릇,
덜어내고 보태서 하나 되는 온기,
따로 또 같이, 토렴의 미학이다.

# 토렴하다

쫑쫑 썬 오징어가 나보다 먼저 국물을 마시고 통통해졌다.
 독촉하지 않아도 주문하기 무섭게 뚝딱 나온 뚝배기에 김이 오른다. 밑반찬 서너 가지와 양은그릇에 담긴 수란이 그림자로 따라 나와 앉는다. 국밥을 먹기 전에 참기름 한 방울 떨어뜨린 수란에 김 가루를 뿌려 호로록 먹는 일이 에피타이저다. 고소한 참기름 향과 노른자의 고소함, 간간한 김 가루의 조합은 콩나물 국밥에 부족한 단백질 보충을 자처한 수란의 반란이다. 하나 더 먹고 싶다. 충청도식은 국밥에 달걀을 넣고 끓이는데 따로 먹는 맛도 퍽 산뜻하다. 그보다 콩나물 국밥집이 즐비한 전주 시장통에서 이 집으로 발길을 끈 건 '토렴식 국밥' 간판이다. 오랜만에 들어보는 '토렴'이라는 단어가 뭉근하게 가슴을 데우며, 후루룩 추억 한 그릇을 비우고 싶어졌다.

 토렴은 밥이나 국수에 뜨거운 국물을 부었다 따랐다 하여 덥히는 방법이다.

원래는 물들였던 빛깔을 도로 빨아낸다는 뜻의 퇴염退染에서 왔다는데, 토렴이라는 우리말이 훨씬 정감이 있다. 토렴이라는 단어 속에는 '토' 하고 내뿜었다, 다시 '렴' 하고 빨아들이는 묘한 고무줄 탄력을 내포하고 있다. 한때 외국인들이, 음식이 든 그릇에 국물을 여러 번 끼얹었다 다시 빼는 모습을 보고 비위생적이라는 지적과 함께 토렴 음식을 꺼려서 '따로국밥'을 선호한 적이 있었다. 기호에 따라 지금도 '따로국밥' 메뉴가 있지만, 토렴은 국밥 안에 밥알의 식감을 눅눅하게 하지 않고 맑은 국물을 유지하기 위한 최적의 조리법이다. 밥이 식으면서 밥알에 생기는 균열에 국물이 스며들게 되어 더욱 맛있는 국밥이 되는 과학적 요리법이다.

나는 어린 시절 장터에 가서 국밥을 먹은 일이 거의 없다. 오히려 부엌에서 엄마가 펄펄 끓는 국물을 이리 부었다 저리 부었다 하시던 모습이 더 또렷하다. 뜨거운 수증기가 안개처럼 피어오르면 엄마의 얼굴은 가려졌다 보였다 했다. 그럴수록 엄마의 손은 더 재게 움직이는 것이었다. 수증기를 지우고 슬쩍 안개꽃 속에 그리운 엄마 모습을 그려 본다. 일을 마치고 돌아오시는 아버지를 위해 보온 시설이 없던 그때 금방 차려내는 한 그릇의 뜨끈함은 토렴이 만들어내는 신세계였다. 추운 겨울 집에 오자마자 가장 빠르고 가장 맛있게 '등 따습고 배부른' 오감을 채워주던 엄마의 토렴국밥. 아버지가 몰고 온 바깥의 찬 기운은 엄마의 따스한 정성과 토렴하여 방안은 대번에 훈기로 채워졌다. 자취 생활에서도 국물이 없을 때는 차가운 밥에 뜨거운 물로만 토렴해서 김치만 걸쳐 먹어도 꿀맛이었다. 물을 넣고 끓이거나 데우면 음식이 탁해지고 풀어지지만 토렴을 하면 밥알의 식감도 그대로 살리고, 먹기 좋은 온도로 빨리 먹을 수 있어 일석삼조의 효과를 보는 셈이다.

  부부의 연으로 살아가는 우리네 삶도 토렴의 과정이다. 생활습관도 사고방식도 한 알 한 알 살아 있는 밥알처럼 서로 다른 두 사람이 만나 음식도, 생각도, 공간도 같이 섞어서 따르고 다시 부으며 부부라는 한 그릇을 차려 내는 일이다. 뜨거운 쪽이 찬 쪽으로 옮아가며, 많은 쪽이 모자란 쪽으로 덜어내며 알맞은 온도를 찾아가는 일이다.

  옛날 김홍도의 그림에도 뚝배기를 기울이며 국밥 퍼먹는 장정들 모습이 나오는데, 누구나 그 그림을 보면 모락모락 김 오르는 국밥이 떠올라 군침이 돌 것이다. 순식간에 건져 먹고 훌훌 마시고는 소맷등으로 입가를 쓱 훔치며 '어이 시원하다' 하는 풍경이 눈앞에 펼쳐진다. 미리 삶은 국수나 미리 썰어 둔 고기에 펄펄 끓는 국물을 부었다 뺐다 서너 번 하면 뜨겁지도 차갑지도 않은 최적화된 온도가 맞추어진다. 반찬이 없어도 결코 얕볼 수 없는 한 끼 식사가 서양식 패스트푸드 뺨치게 빠르게 나온다.

  토렴한 국밥은 정이다. 뚝배기에 뜨거운 국물이 주거니 받거니 하는 동안 담긴 정은 뜨거운 열기가 되고, 왼손 오른손이 건너가고 오는 동안 노동 시간은 단축된다. 우르르 몰려와도 후다닥 먹을 수 있고, 후루룩 먹어도 꿀떡꿀떡 넘어간다. 정성으로 우려낸 깊은 정에 다시 한 번 끼얹은 온정이 더해져 후끈 몸을 덥힌다.

 붙박이처럼 정해진 공간에만 있다가 모처럼 시간의 구애 없이 여기저기 기웃거리는 이 시간이 내게는 식고 시들해진 생활의 토렴이다. 아예 식어버린 날들이 아무리 토렴해도 데워지지 않아 마지못해 살아야 할 때도 있지만, 한가한 기웃거림에 담금질을 하다가 하루의 체온을 뜨끈하게 말아 내고 싶다.

 이른 여름, 한옥 마을로 접어드는 길목도 토렴으로 바쁘다. 새뜻한 4월의 햇살이 건물 아래 희읍스름한 그늘을 연신 토렴하며 거리를 데우고 있다. 겨우내 움츠렸던 마른 가지들도 쉼 없이 들숨과 날숨으로 봄빛을 토렴하여 연둣빛 잎눈을 키워가고 있다. 아침 나절 지나갈 때 허허롭던 거리는 어느덧 인파의 향기로 훈훈하다. 빈 그릇처럼 무표정한 행인들의 인상도 화기가 피어나 애애하다.

 어둠은 밝음을 토렴하여 새벽을 빚어 내고, 4월은 5월을 토렴하여 훈풍을 만들어 내고 있다. 살아가는 일은 좌절 위에 희망을, 포기 위에 도전을 따랐다 부었다 토렴하는 과정은 아닐까.

 따르고 부어서 섞이는 한 그릇, 덜어 내고 보태서 하나 되는 온기, 따로 또 같이, 토렴의 미학이다.

# 굴뚝 앞에 서서

문화제조창

패랭이꽃처럼 마음이 흔들리거나 한 떨기 해바라기 되어 하늘을 우러르고 싶은 날에는 발길이 향하는 곳이 있다. 오늘같이 비라도 오는 날이면 더욱 그렇다. 발이 땅을 딛지 못했던 암울했던 날을 떠올리자, 한 발 한 발 도장 찍듯 내딛는 걸음마다 빗물이 고여 들어 나대신 글썽하다.

그곳에는 팔을 뻗어 하늘 깊은 곳까지 연결해 줄 만큼 훤칠하게 키가 크고 건장한 이가 한결같이 서 있다. 그 앞에 서면, 흔들리는 연약함은 지그시 눌러주고 웅크린 옹졸함은 활활 태워 날려주는 이, 두 발로 우뚝 서서 하늘을 보고 걸어가면 무엇이 대수겠는가 말해주는 이가 있다. 나는 그를 우러를 뿐 한번 꼭 안아볼 수도, 눈을 마주할 수도 없다. 가꾸지 않은 야생의 피부에 여기저기 덧대고 꿰맨 빛바랜 작업복 차림으로, 장작 패고 불 지피다 말고 그 자리 얼음이 되어 서 있는 모습이다. 그 투박한 멋이 아니었으면 이렇게 불시에 찾아오고 싶도록 나를 이끄는 힘이 있었을까. 잘려 나간 콘크리트 사이로 불끈불끈 힘줄이 불거지고, 철근 박혀있던 상처는 아문 지 오래되어 제 살빛이 되었다. 언뜻언뜻 보이는 야성의 속살에는 위로라도 하려는 듯 허연 페인트가 거친 붓 자국으로 칠해져 있다. 품안의 건물들은 성형과 화장으로 변신했건만 분칠조차 하지 않은 원형의 모습 그대로 제 빛과 제 꼴을 간직한 채 빗속에 의연하다.

연간 100억 개비의 담배를 만들어 내기까지 천길 불길을 받아 내고 견디어 낸 지역경제의 산증인이요, 시대의 애환을 고스란히 품고 있는 연초제조창 굴뚝. 몸의 변신처럼 문화제조창으로 개명이 되었건만 이곳 굴뚝은 70년 넘는 세월을 묵묵히 지키고 있다. 우암산 자락을 굽어보며, 무심천 물 흐르는 소리를 벗하여, 수직으로 꼿꼿한 몸이 수평으로 펼쳐진 제조창 일대를 슬하에 거느리고 있다. 20년이 넘는 공복 상태로 바라보기에도 아찔한 사다리를 등에 업었다. '저 계단을 밟고 올라가면 포근한 하늘을 만질 수 있을까' 하고 생각하니 아궁이에 타닥타닥 울분과 응어리가 타올라 커다란 연통을 따라 가뭇없이 사라지고, 오롯한 내가 남아 감사와 순응의 부드러운 재를 쓸어 담는다.

하늘을 향해 입을 벌린 굴뚝. 굴처럼 둑(뚝)을 쌓아 바람을 막듯 인생살이에도 둑이 필요하다. 굴뚝이 연소에 필요한 공기를 받아들이듯 끊임없이 우리는 사람에게서 자연에게서 사랑과 혜택의 공기를 받아들이며 살고 있다. 굴뚝이 아궁이에 바람이 드는 것을 막아주듯 수많은 규범과 윤리의 둑이 필요하다. 그러나 받아내고 막아주기만

할 뿐, 분출과 소통의 돌파구가 없다면 결코 인생은 꽉 막힌 연통 신세로 굴뚝 청소부의 도움을 청할 수밖에 없으리라. 굴뚝의 높이는 바람의 흐름에 따른다. 누구나 태어나서 주어진 환경에 따라 저마다의 굴뚝 높이를 조절할 일이다. 험난하고 고단한 인생일수록 높은 산에서 몰아치는 거센 비바람에 살아남기 위해서는 지붕마루보다 더 높이 자신의 굴뚝을 쌓아야 한다. 높지도 낮지도 않은 내 인생의 둑을 쌓는 일이야말로 내 삶을 원활하게 가동하는 굴뚝의 역할을 할 테니 말이다. 내가 굴뚝 앞에서 위안과 평정을 찾을 수 있는 것은 동병상련의 맥락이 아닐까. 살아가면서 거친 바람이 휘몰아칠 때마다 저 굴뚝의 높이만큼 쌓으려고 바둥댄 것이리라.

전 재산을 다 들여서 평생의 남편 작업 공간인 장작 가마와 살 터전으로 지은 집을, 도장 하나 찍어주는 일로 포기하고 나왔을 때, 나는 굴뚝 속 같은 절망과 좌절 대신 바람의 키보다 높은 굴뚝을 쌓기 시작했다. 쌓아도 쌓아도 바람은 들이치고, 젖은 나무는 들출수록 매운 연기만 자욱했다.

여왕의 녹색 옷자락을 치렁치렁 거느리고 새소리로 문을 여는 오월의 아침. 유치원 막내와 일 학년 딸아이를 등교시키다 마주 오는 덤프트럭이 내 눈앞으로 달려든다 느끼는 찰나, 천지는 정지되었다. 차바퀴와 함께 멈춰선 내 나침반의 자침은 암담, 죽음, 불구뿐이었다. "다리를 절단하거나, 만에 하나 그렇지 않다고 하더라도 평생 두 발로 걷기는 힘들 것 같으니 마음의 각오를 하셔야 합니다."

칠전팔기의 벼랑에서 여덟 번째 수술을 견뎌낸 후 의사가 내게 던지는 진단이었다. 나는 그의 진단에 맞서는 굴뚝을 또 쌓기 시작했다. 내 다리가 내 아이들의 목숨을 지켜줬다는 감사의 벽돌 위에, 다리 외에 정신은 불구가 아니라는 천만 다행의 벽돌을 한 켜 한 켜 얹어서. 전신에 깁스를 하고 미동조차 할 수 없는 굴뚝 안보다 더 눅눅하고 캄캄한 밤, 나는 깊고 높게 굴뚝을 쌓았다. 내 통증보다 더 높이, 고통의 깊이 보다 더 깊이, 먼저 쌓은 굴뚝보다 더 높이. 살아가는 내내 행여 굴뚝 모서리가 헐지는 않을까 무시로 단속하면서.

이제 나는 두 발로 걷는다.

비 내리던 하늘도 휘장 걷듯 환해지고, 잘 익은 하루가 홍시 빛으로 출렁인다. 그 노을 배경으로 굴뚝 더욱 돌올하다.

# 당구삼년폐풍월 堂狗三年吠風月

　집터로 말할 것 같으면 전라남도 담양 선비의 상징인 사군자 중 대나무로 명성이 높은 죽록원竹綠苑이요, 경관으로는 하늘을 향해 쭉쭉 뻗은 대나무 숲이 병풍으로 둘러친 환상적인 풍광이요, 입지 조건으로는 삼림욕하기에 최적인 대나무 숲속의 시원하고 청량한 음이온이 대량 방출되는 청적지역이다. 그 가운데에서도 맹자의 어머니도 자식의 장래를 위해 마지막 정착한 서당이 있는 곳이니 그야말로 최적의 입지 조건이요, 노른자 땅이다. 그 자리에 떡하니 한 채 붉은 기와지붕을 올리고 당호를 붙였으니 '당구삼년폐풍월'이다. 문 앞에 붙였으니 문패요, 집 앞에 걸었으니 당호며 현판이 아닌가? 사람도 제 이름 내걸 집 한 채 장만하지 못하는 오늘날, 의미심장한 뜻이 담긴 명언을 내건 집 주인이 기침을 하며 나온다. 작달막한 키에 귀를 쫑긋 세우고, 반지르르한 몸매에 귀티가 흐른다. 꼬리를 살랑살랑 흔들며 앞발을 들어 반기는 태도가 노련하고도 주인의 체통을 지킬 줄 안다. 옆에는 장닭과 암탉 한 쌍이 벗이 되어 노닐고 있다. 산 좋고 물 좋고 바람 좋고 경치까지 좋은 곳에 함께할 벗이 있는 주인의 전생은 많은 공덕을 쌓은 게 분명해 보인다. 더 바랄 것도 부족할 것도 없는 삶을 살아가는 주인의 표정은 참 태평하고 온순하다. 족보까지는 모르겠으나 손님을 대하는 태도가 입으로 읊는 풍월이 아니라 몸으로 행함까지 터득한 모양새다. 집의 크기만큼 가로 글씨로 나무 위에 송강정 죽림서당 훈장님의 자필로 쓰신 현판이다.

　아버지로부터 들었던 얘기 한 토막이 생각난다. 어떤 이가 개를 팔기 위해 찻그릇을 개밥그릇으로 놓았더니, 도자기를 알아보는 안목 있는 이가 다완에 탐이 나서 개를 사기로 흥정하고, 슬쩍 지나가는 말로 개밥그릇이나 덤으로 달라고 하자 주인이 하는 말이 "이 사람아 저 개밥그릇으로 개를 내가 몇 마리째 팔고 있는데 그 그릇을 달라고 하느냐"고 핀잔했다는 얘기다. 그런 안목을 가진 이가 얼마나 될까 의문이기도 하지만 말이다. 저 팻말 글씨가 탐나서 개를 사가겠다고 하는 사람은 없을까 하고 생각하며 혼자 웃는다.
　세상은 넓고 갈 곳은 많은데 무슨 복을 타고나서 대나무의 정기 가득한 청정지역의 서당에 주소지를 얻었을까. 개집에서 눈을 떼지 않고 부러워하는 나를 보시자 훈장님 말씀하신다. 그 옆에 있는 닭은 아마 우리나라에서 가장 높은 곳에 잠자리가 있을 거라고. 무슨 말씀인가 의아해하는 내게 들고 계신 지팡이를 들어 개집 위의 큰 나무를 가리키신다.

"저 나무 맨 꼭대기가 닭의 침대요. 궁금하면 이따 올라갈 때 보시구랴."

송강정은 조선시대 송강 정철이 조정에서 물러나 4년 동안 은거생활을 하며 머물렀던 초막으로 앞면에는 '송강정松江亭', 옆면에는 '죽록정竹綠亭'이라는 현판이 걸려 있고, 입구에는 죽림서당竹林書堂이 걸려 있다. 안으로 들어서니 훈장님 앉아 계신 자리 외에는 서화와 문방사우로 발 디딜 틈이 없다. 가로 걸린 대나무 붓걸이에 크고 작은 붓들이 촘촘히 걸려 훈장님과 마주하고 앉으니 왕대비가 신하들과 접견할 때 했다던 수렴청정垂簾聽政이 이런 풍경이었겠거니 생각한다.

상투머리에 흰 무명옷을 입고 서화와 벗하며 살아가는 훈장님은 묵향과 풍류를 즐기며 이곳에서 안빈낙도의 삶을 살고 계신다. 우리 일행 중 훈장님과 지인인 분이 준비한 막걸리를 한잔하시자 대화도 무르익어 화기애애하다. 차를 알면 술도 알아야 한다고 하시는 말씀에 대답 대신 나는 정철의 「장진주사」를 한 수 읊었다. 동행한 이가 "훈장님, 임자를 만났다."고 너스레를 떨어 훈장님과 한시 몇 수를 주고받는 동안 해 그림자가 문살 아래로 떨어졌다. 대나무 밭에 바람 부는 소리가 빗소리처럼 쏟아지고, 그 사이로 새소리가 경쾌하게 간주를 넣는다. 서둘러 하나씩 그려 주신 부채를 챙겨 툇마루를 나오니 아까 그 장닭과 암탉이 나무를 오르고 있다. 장닭이 먼저 푸드덕 날아서 나무 위로 오르면, 뒤이어 암탉이 날아오르고 몇 번을 갈 지之 자 모양으로 이 나무 저 나무를 옮기며 날아올라 가장 높은 꼭대기에 자리를 트는 것이었다. 올려다보던 우리는 놀라움과 신기함으로 약속이라도 한 듯 일제히 박수를 쳐주었다. 과연 가장 높은 홰요, 가장 높은 잠자리다.

"밤이면 산짐승이 많아. 목숨에 위협을 받으니 저희들 스스로 살아남는 법을 터득한 게지."

닭의 벼슬이 괜히 달린 게 아니다. 터득의 난이도가 영리하고도 높은 경지다. 나도 닭띠다.

떠날 낌새를 알아차린 문패의 주인이 맞이할 때보다 더 격하게 꼬리를 흔든다. 손님을 맞을 때와 배웅할 때의 자세가 한결같다. 손님을 환대하는 예를 알고, 기분 좋게 떠나보내는 환송하는 배려를 실천할 줄 안다. 당구삼년폐풍월 주인과 작별인사를 하고 나서니 훈장님은 앞서 나서시며 걸음을 재촉하신다. 들어가시라 여러 차례 말씀 드려도 막무가내 주차장까지 바래다주신다. 뒷짐을 지고 대나무 숲길을 따라 되돌아가시는 훈장님의 뒷모습이 멀어진다. 머리에 쓰고 계신 정자관程子冠이 이 시대 인·의·예·지·신을 가르치는 증표인 양 우뚝 솟은 뫼 산山 자 같다는 생각이 든다. 서산마루 걸친 해도 붉고 둥근 도장을 꾹 눌러 찍으며 그렇다고 한다.

# 겨울 난초

허난설헌

휘어진 듯 꼿꼿하다. 새침한 듯 요염하다. 겨울을 건너오고도 자태는 고고하다. 쪽 뻗은 몸매가 가냘파서 서늘하고, 소곳해서 품고 싶다. 들여다보고 있노라니 봉긋하게 밀고 올라오는 연둣빛 촉이 잎새와는 사뭇 다르다. 오전에만 볕이 들고 마는 차실이라 창가 쪽으로 나란히 줄을 세웠더니, 아침 햇살 몇 모금으로 꽃눈을 키우고 있었다. 대견하고 고마워서 젖은 수건으로 한 잎 한 잎 세수를 시킨다. 날렵한 잎 표면 가득 초록의 윤기로 화답하듯 반짝인다. 난을 보고 있으면 사군자로 대접받는 이유를 알 것 같다. 꽃이 피지 않아도 하늘로 뻗은 기상이 단아하고 품위 있다. 늘어지지 않았으나 곡선이요, 뻗쳐오르지 않았으나 직선이다. 매·난·국·죽 가운데 대나무가 남성적이라면, 국화나 매화는 다분히 여성적이다. 그 가운데서도 난은 고고하고 빼어난 기품으로 여성적이나 남성적 기개를 가졌다.『삼국유사』가락국기에 수로왕이 아유타국의 공주 허황옥을 맞이할 때 난초로 만든 마실 것을 대접했다 하는데, 차가 없던 그 시절이니 난 잎이나 난 꽃으로 차를 만들어 낸 게 아닐까 생각된다. 그만큼 순결과 숭고함의 상징으로 여겼음이리라. 또한 난초가 지닌 자손의 번창과 관련된 상징성 또한 있었으리라.

아침에 출근하여 문을 여니 황홀경이다. 며칠 전 꽃대가 올라오더니 오늘 아침 꽃눈이 배시시 열리고, 차실 가득 향기가 진동한다. 과연 향조香祖로 불릴 만하다. 반가움에 가만히 다가가 들여다본다. 작년 9월에 만나고 올해 첫 마주함이다. 삼각 구도의 간결한 생김새에 색깔 또한 소박한 소색이다. 나비 한 마리 날개를 편 듯 날렵한 향기 주머니. 꽃대 하나에 여러 송이 꽃눈을 매달고 기다리고 있으니 난蘭이 아니라 엄밀히 말하면 혜蕙인 셈이다.

난은 그린다고 하지 않고 친다고 말함은 난초가 품고 있는 기가 담겨 있어야 한다는 말이다. 그럴듯한 사실 묘사가 아니라, 뿌리 끝부터 잎 끝까지 필력이 지닌 한 획의 힘이 난의 절개와 향기를 담고 있어야 함이다. 난이 지닌 고결한 기운과 기백이 난 한 줄기에 오롯이 담겨야 한다. 축하의 마음도 난 화분이 으뜸이요, 문인화의 기본은 난을 치는 일이다. 나 또한 문인화를 시작해서 몇 달을 난만 쳐도 풀잎이 난이 되기까지, 난을 기르는 일보다 도달하기 어려운 일이었다.

정도전은 "난초는 그 본질이 양기가 많아 향기로움이 군자의 덕에 비길 수 있다." 하여 군자와 그 인격체를 동일시했다. 추사는 아들에게 "난초를 그릴 때는 자기 마음을 속이지 않는 데서 시작해야 한다. 잎 하나 꽃술 하나도 마음속 부끄러움이 없어진 뒤라야 남에게 보일 만 하다. 열 개의 눈이 보고 열 개의 손이 지적하는 것과 같으니 마음 은 두렵도다. 이 작은 기예도 반드시 생각을 진실하게 하고 마음을 바 르게 하는 데서 출발해야 비로소 기본을 얻게 될 것이다." 라고 하였 다. 난 한 포기를 제대로 묘사하기 위해 마음의 정결과 마음속 부끄러 움이 없는 경지가 전제되어야 가능할 만큼 난은 살아 있는 기운이요, 순결의 표상이다. 깨끗하여 청초하고 외로워서 고고한 자태, 그것이 난의 본상이다.

나는 난과 마주할 때마다 단 한 번 만난 적 없으나 마음을 나눈 듯, 가슴 한쪽이 저려오는 이름이 있다. 허난설헌! 이렇듯 햇살 좋은 날 피어나는 난 꽃이련만 어이하여 눈 속에 피어나라 이름 짓고, 그토록 서럽고 애달픈 낙화를 하였는가. 조선 최고의 천재 시인이라 불리는 여인. 8세 때 '광한전백옥루상량문廣寒殿白玉樓上梁文'이라는 신선세계 상량식에 초대되어 상량문을 본인이 쓰게 되었다는 소설 같은 이야 기를 시로 지은 여인. 일찍이 초희楚姬라는 본명 외에 경번景樊이라는 자와 난설헌蘭雪軒이라는 호를 지닌 당당한 여인. 시대를 거슬러 시, 서, 화에 능한 재주가 걸림돌이자 시리도록 아픈 운명이 된 여인.
　서자인 이달에게 가르침을 받을 만큼 남녀 차별, 신분 차별 없는 열 린 사고와 자유로운 가치관을 가진 당대 최고의 명문가에서 아버지의 총애를 받고 자란 여인. 오빠인 허봉이 중국으로부터 구해온 두보 시집을 전하며 '두보의 소리가 내 누이에게서 나오길 바란다'고 할 만큼 돈독한 사랑과 천재성을 인정받던 여인. 훗날 동생 허균은 '살아서는 부부 금슬이 좋지 못하고 죽어서는 제사 받을 자식조차 없으니 원통함이 한이 없다'고 한탄한 안타까운 여인. 그 동생 허균에 의해 타오르는 불속에서 건져 올린 한 줄기 고고한 향기로 세상의 빛을 남긴 여인. 그녀는 여성으로 태어난 것, 조선의 여인으로 태어난 것, 김성립의 아내가 된 것이 평생의 한으로 27세 기구한 생을 살다갔다. 조선이 낳은 천재는 시대가 만든 틀에 갇혀 훨훨 날아보지 못한 날개를 스스로 접고 말았다.

선택하지 않은 정략결혼, 원하지 않은 '친영제親迎制'의 첫 세대가 된 여인. 벼슬길을 위해 공부로 집을 나가 있는 남편, 시부모의 싸늘한 시선, 믿고 의지하며 살아가던 두 자식을 차례로 잃고 뱃속의 아이마저 유산되는 비운의 여인. 친정아버지의 객사에 이어 정신적 지주이자 보호자인 오빠의 죽음을 맞이한 기구한 여인. 파란만장한 그녀의 생을 더듬다보면 슬픔보다 분노가 인다. 한 여인 앞에 건널 수 없는 강이 이렇게 여러 번 이어질 수 있는가에 대한.

죽기 일 년 전 "푸른 바다가 옥구슬 바다를 적시고 푸른 난새는 오색 난새에 어울리네. 아리따운 부용 꽃 스물일곱 송이 붉게 떨어지니 서릿달이 서럽구나."라고 본인의 죽음까지도 예견한 여인.

하늘거리는 창가의 난초
가지와 잎, 그리도 향기롭더니
가을바람 잎새에 한번 스치고 나니
슬프게도 찬 서리에 다 시들었네
빼어난 그 모습은 이울어져도
맑은 향기만은 끝내 죽지 않아
그 모습 보면서 내 마음이 아파
눈물이 흘러 옷소매를 적시네

  훅 끼쳐오는 난향 속에 허난설헌의 문향이 들어 있다. 서리서리 얽힌 난의 뿌리에 허난설헌의 바람에 흩어진 한이 서려 있다. 실핏줄 같은 독백을 더듬으며 난을 쓰다듬는다. 아, 난설헌!

# 바람의 마디

  대나무 숲에 바람이 분다.
  끝이 보이지 않는 직립의 푸른 도열, 그 사이를 통과한 바람마저 반듯한 군자의 결기로 카랑카랑 시원하다. 머리를 들면 팔랑이는 수많은 댓잎이 떼를 지어 비늘을 뒤치며 비췻빛 하늘을 헤엄친다. 바람과 대숲이 만나 빚어내는 소리의 세계다. 바람은 때로 대숲을 튕기고, 두드리고, 문지르며 자연을 탄주하는 연주자다. 피부로 듣는 소리, 귀로 만져지는 소쇄함, 눈으로 느껴지는 청량함이 온몸으로 전해진다. 한 줄기 바람이 불어오자 꼿꼿하던 대숲은 일제히 몸을 굽혀 바람에게 길을 내어준다. 제 가진 나이를 몸에 새기지 않고 텅 빈 몸에 꼿꼿함을 지키려, 숨 고른 자리마다 굵은 마디를 새긴다. 대숲으로 한차례 바람이 지나며 멀리 대쪽 같은 아버지 음성이 들리고, 노란 주전자를 들고 뒤뚱거리며 오는 한 아이 모습이 보인다.

노란 양은 주전자에 찰랑찰랑하는 막걸리는 다리가 삐끗할 때마다 주둥이로 우유 빛깔 뽀얀 물을 왈칵 토한다. 넘칠세라 몸에서 떨어뜨려 조심조심 걸을수록 돌부리는 더 걸렸다. 읍내 양조장까지 막걸리 한 되 가웃을 사오는 심부름은 이골이 났으련만 잘금잘금 흘리는 술로 늘 길이 먼저 취한다. 아버지께서는 술을 한잔하시면 고저장단을 맞춰 김삿갓의 시를 읊으시고, 방안에 둘러앉은 좌중의 호탕한 박장대소가 골목까지 왁자했다.

　　　此竹彼竹 化去竹차죽피죽 화거죽 : 이대로 저대로 되어가는 대로
　　　風打之竹 浪打竹풍타지죽 랑타죽 : 바람 부는 대로 물결치는 대로
　　　飯飯粥粥 生此竹반반죽죽 생차죽 : 밥이면 밥 죽이면 죽 나오는 대로
　　　是是非非 付彼竹시시비비 부피죽 : 옳고 그름 따지지 말고 그저 그런대로
　　　賓客接待 家勢竹빈객접대 가세죽 : 손님 접대는 집안 형편대로
　　　市井賣買 歲月竹시정매매 세월죽 : 물건 사고파는 것은 시세대로
　　　萬事不如 吾心竹만사불여 오심죽 : 만사는 다 내 맘대로만 안 되니
　　　然然然世 過然竹연년년세 과년죽 : 그렇고 그런 세상 그런대로 살아가세

　아버지는 대나무를 좋아하셨고 당신의 삶도 대나무처럼 사셨다. 남에게는 한없이 너그러우셨고, 자신에게는 곧고 똑바르기가 대쪽 같으셨다. 주변을 대하시는 덕으로는 단단하셨고, 당신의 몸을 세우시는 데는 곧으셨다. 수신제가치국평천하를 소신으로 본분을 지키시

며 군자의 삶을 사셨다.

"하늘이 두 쪽이 나도 안 된다."

"목에 칼이 들어와도 아닌 건 아니다."

불의不義를 두고 하시던 말씀이 지금도 귀에 생생하다. 전쟁 통에 부모 잃고 오갈 데 없는 이를 만나면 집으로 데려오셔서 같이 살았던 일이 어머니 말로는 부지기수였다. 내 기억에도 혈혈단신으로 우리와 살다가 시집, 장가까지 가서 돌아가시기 전까지 왕래하던 고모, 삼촌이라고 부르던 분이 있다. 또 장례식장이 없던 그 시절, 상을 당하고도 형편이 어려워 장사를 치르지 못하는 집이 있으면 만사를 제치고, 염殮을 해서 장례를 마치게 해주셨다. 병이라도 옮기면 어쩌려고 돈도 안 받고 그런 짓을 하느냐는 주변의 걱정에 "사람 마지막 가는 길에 뭘 따진다는 말이냐." 하시며 궂은일을 마다치 않으시고, 유족들이 건네는 어떤 고마움의 표시도 절대 받지 않으셨다. 그런 맑은 마음으로 사셨기에 아버지의 삶은 늘 청빈하셨다.

대나무는 거대한 하나의 뿌리가 그물망처럼 연결되어 있다. 그 뿌리에서 순서를 지켜 죽순을 밀어올리고, 태어난 크기만큼 더도 덜도 욕심을 내지 않고 꿋꿋하게 제 삶을 살아간다. 아버지는 늘 말씀하셨다.

"한 뿌리에 나서도 제 각각 독립하는 대나무처럼 서로에게 짐이 되지 말고, 욕심내지 말고, 각자 제 노력으로 살아야 한다."

다른 나무들이 광합성 작용으로 얻은 양분을 비대 생장하는 동안,

대나무는 이듬해 태어날 죽순을 위해 뿌리로 내려 보내 저장한다. 슬하의 자식을 위해 평생을 희생하신 우리 아버지의 모습이다. 대나무는 60년에서 100년 동안 단 한 번 꽃을 피운다고 한다. 일생에 한 번 개화를 끝으로 대부분 대나무의 삶을 마감한다.

2대 독자이신 아버지께서는 마흔 중반을 넘으시고 3대 독자인 아들을 어렵게 보셨다. 그 아들이 대학에 들어가는 것을 보시고 대쪽 같이 강하고, 대숲처럼 맑은 인생을 마치셨다.

고개를 들어 올려다보니 나무의 끝은 까마득하다. 대나무 숲에 한 줄기 바람이 분다. 바람은 마디를 키우고, 마디는 자신을 닮은 마디를 키우며 숲을 이룬다. 바람의 마디는 서로 부딪히는 법이 없다. 한 마디 매듭을 만들고 다시 시작하는 대나무처럼, 늘 걸어온 길을 돌아보고 다시 출발하라시던 아버지의 말씀이 아스라이 높아 눈물이 핑 돈다. 대나무 숲에 오면 아버지의 따끔한 죽비 소리 또렷하다.

# 토성의 그림자

정북동토성

　가을비가 속삭이듯 내리는 시월의 길목이다. 우산에 내려앉는 소리조차 얌전한 비가 마지막 여문 곡식과 열매에 속속 단물로 스며들고 있다.
　땅은 만물을 보듬어서 품어 낳아 길러 내는 어머니다. 잘나고 못나고 가리지 않고, 길고 짧은 것 마다하지 않는다. 진자리 마른자리 쓸어안고 다독여서, 비를 내려 젖 물리고, 햇볕으로 살찌우고, 바람 앞에 키를 키워 벌판을 황금으로 일구어 낸다.
　가을의 건반을 두드리는 낙엽 밟는 발자국 소리에, 어디선가 귀뚜라미도 낮은 화음을 넣어준다. 길가의 갈대들도 서로의 몸을 비벼 바람의 오선지 위에 탄주를 시작한다. 이 갸륵한 하모니를 들으며 들판은 시나브로 몸을 뒤척여 금빛 풍요로 물들어 익어간다. 가을은 소리와 풍경과 색채의 계절이다. 풍요로운 들길을 여물 것조차 없는 빈 가슴으로 덜컹이며 타박타박 걷고 있다. 계절이 충만할수록 왜소하고 스산해지는 마음을 달래기 위해 찾아가는 곳은 정북동토성이다.

물드는 가을볕이 가을비에 녹녹히 젖어 들어 들녘은 제 가진 빛보다 더 진한 윤기가 흐른다. 빗물에 젖은 길을 따라 걷다 가로 놓인 철길을 만난다. 건널목 앞에 서서 휘어져 굽어진 철로를 바라본다. 시내에서는 좀처럼 보기 어려운 철로를 마주하자 멀리 여행길에 오른 듯 생경하고 신선하다. 긴 꼬리를 흔들며 용 한 마리가 헤엄치듯 기차가 지나간다. 인생도 철로를 따라 종착역에 닿았다 다시 돌아올 수 있다면 이 허전함에서 자유로워질 수 있을까. 기차가 사라진 쪽에서 내일 다시 떠오를 태양을 생각하며 허허로움을 다독인다.

너른 들판 사이로 휘어진 듯 꼿꼿한 소나무가 서너 그루 높다랗게 자태를 드러내며 저만치 정북동토성이 보인다. 밋밋한 토성에 양각의 실루엣으로 많은 이들의 스포트라이트를 받는 소나무, 사진 찍기 좋은 최고의 명소로 만든 산증인이다. 누가 찍든 정북 토성의 사진에는 낙관처럼 찍혀 있다. 토성의 남문 좌우로 펼쳐진 새하얀 억새밭이 토성을 포근히 에워싸고 있어 따스하고 한가롭다. 사람 키보다 높이 자란 울창한 억새 숲으로 들어서니 바람이 스칠 때마다 이천 년 전 토성을 쌓던 그날의 이야기를 들려주는 듯 웅성웅성하다. 빛바랜 황갈색 깃발로 우뚝 서 있는 억새의 물결. 눈을 들어 맞은편에 출렁이는 억새밭을 보고 있노라니 마치 아군과 적군의 깃발 소리가 함성으로 들려오는 듯하다.

토성에 올라 두 팔을 벌려 답답하고 옹색하던 가슴을 활짝 열어젖

한다. 때마침 인근 비행장에서 활주로를 출발한 비행기 한 대가 하늘을 가르며 날아간다. 상쾌하고 대범해진 마음이 나도 한 마리 새가 되어 훨훨 날아오른다. 멀리 금강의 최대 지류인 미호천과 무심천이 만나는 까치내 동쪽 탁 트인 두물머리 벌판이 한눈에 펼쳐지며, 내 품으로 오롯이 들어와 거대한 토성의 성주가 된 듯하다. 가슴이 탁 트이자 걸음마저 사뿐하다.

이곳 정북동토성은 현존하는 토성 가운데 가장 보존 상태가 좋은 곳으로, 고대 중국식 정방형正方形 모양의 형태로 둘레가 약 육백 미터가 넘는 판축 기법 토성이다. 출토된 유물로 추정하면 청동기 시대나 원삼국 시대 축조된 것으로 이천여 년 세월을 거슬러 올라간다.

토성 안으로 들어서면 아늑하고 편안하게 안기는 포근함이 어머니의 넓은 치마폭 같다. 흙은 대자 대비한 어머니요, 만물을 품어 생장 수장을 관장하는 어머니다. 흙은 온유하나 무한하다. 모진 세월을 견디어 온 토성의 모습이 어머니의 끈기요 모성애라 깨달으니 밟고 지나는 걸음조차 조심스럽다. 흙의 부드러운 이면에 감추어진 굳고 단단한 강인함이 어머니의 품성이다. 그런 토성을 이렇게 무방비로 밟고 오르고 하여 토성의 등허리가 평지화된 후에야 금줄을 치고 보존할 것인가 생각하니 마음이 무거워진다.

성벽의 바깥을 빙 둘러 물구덩이를 따라 물길이 토성을 안고 돈다. 적의 침입을 막기 위해 성 밖으로 못을 파서 성을 보호하는 역할을 하는 해자垓子다. 대부분의 성은 몽촌토성, 수원화성, 공주 공산성, 경주

월성 등 자연을 그대로 이용하는데, 이곳 정북동토성은 미호천의 물길과 인공을 아울러 활용하여 조성되었다. 남문인 앞쪽 수로에는 물이 고여 있고 갈대와 부들, 돌미나리 등 수생식물이 자라고 있지만, 동문과 서문 쪽으로 물은 흐르지 않고 그 옛날 흥건하던 웅덩이만 길게 누워있다.

석성은 위엄은 있으나 차갑고 냉정하지만, 토성은 자상하고 포근하다. 마을의 뒷동산처럼 친근하고 아무 데나 드러누워도 어머니 무릎베개처럼 편안하고 아늑하다. 다시는 돌아갈 수 없는 부모님 슬하의 아늑한 온기를 토성에 기대어 본다.

성벽의 중간쯤에 적의 침입을 막기 위해서 성문 앞을 가려 쌓은 옹성甕城, 성벽 바깥쪽으로 바짝 붙여 쌓아 적군을 감시하고 유사시 측면 공격을 노린 치성雉城, 토성의 네 군데 높이 꺾어진 각루角樓, 남문 쪽과 북문 쪽에 토성이 뚝 끊어지고 어긋나게 연결한 장치 등은 적군과 격전할 때 협공하기 위한 시설이었음을 알기 전까지 토성은 격전지의 흔적을 찾을 수 없이, 그저 사슴도 뛰어놀듯 평화로운 전경이다.

성으로 둘러싼 푸른 초원에 동서남북을 가로질러 흙길로 난 뽀얀 십자로가 이천 년 켜켜이 쌓인 세월의 깊이를 고요한 직선으로 이어 주고 있다.

날이 저물자 황홀하게 떠오른 노을이 토성의 윤곽을 위무하듯 쓰다듬는다.

오곡을 길러 내느라 이제야 숨을 돌린 대지는 가을비처럼 보드랍고 토성처럼 강인하다. 광활한 평야인 양 토성 너머 저만치 나 앉은 마을이 하늘과 맞닿아 아련하다.

저녁 햇살에 접히는 토성의 그림자가 청춘을 다 내어주고 등허리 구부정한 어머니의 노후처럼 애잔하다.

# 틈과 길

틈이 길에 나면 흠이 되지만 틈이 넓어지면 길이 되기도 한다.

틈은 탈이 되기도 하지만 틈을 잘 타면 지름길을 타기도 한다. 틈을 방관하다가는 큰코다치지만, 틈의 결을 잘 살펴 가르면 온전한 하나가 더 생기기도 한다. 틈을 어떻게 다스리는가에 따라 틈은 티가 되기도 하고 옥이 되기도 한다.

어절과 어절 사이에도 틈이 있다.

문장에 띄어쓰기의 틈이 없다면 중언부언 횡설수설 소통이 제대로 될 리 없다,

말과 말, 단어와 단어 사이에 틈과 쉼이 필요하듯 인간관계에도 틈이 필요하다. 소통이 드나들 수 있는 길을 내지 않고 대책 없이 밀어붙이면 불통이 된다. 떨어져야 보이는 빛나는 것들이 암막에 가로막혀 캄캄 절벽이 된다. 적당한 간격과 거리는 각자의 관계를 독립적 존

재로 인정하고 존중하게 된다. 사람과의 관계에서도 섣불리 몇 번 만나고 격의 없음을 내세워 양은 냄비처럼 포르르 끓어올랐다가 스르륵 금방 식어버리는 만남을 자주 본다. 아니면 시커멓게 태워버려 다시는 안 보는 사이가 되어 버리기도 한다.

나는 사람 관계에서 내 나름의 신조라면 신조요, 편견인지도 모를 소신이 있다. '처음 만난 사람도 십 년 만난 사람처럼 가까이, 십 년 만난 사람도 처음 만난 사람처럼 예를 다하여'가 내 나름 만남의 관계학이다. 한두 번 만나고 바로 형, 동생을 맺고 말을 놓는 사람들을 보면 신기하기도 하고 내심 염려스럽기도 하다. 처음처럼 한결같음이 변덕 심한 굴곡보다 좋다는 생각이지만, 너무 건조한 건 아닐까 하는 생각이 들 때가 있는 것도 사실이다. 죽고 못 살 절친한 관계를 맺지도 못하고, 누구와 심히 다투고 싸워본 바도 기억에 없다. 내가 말하는 사람과의 관계에서 틈이란, 소홀하거나 갈등으로 벌어진 틈이 아니라 서로를 존중하는 적당한 거리의 평행 관계를 의미한다.

하늘에 떠있는 구름도 틈이 나야 햇빛을 방사할 수 있다.
수평선은 하늘과 맞닿아 보일 뿐, 하늘과 땅만큼의 틈이 있기에 우주 안에 공존한다. 만다라의 상징인 연꽃도 봉우리의 틈으로부터 만개한다. 봉우리에 틈이 없다면 결코 열리지 않는 연화장 세계다. 동지 섣달 언 땅에도 틈이 생기면서 만물의 소생이 시작된다. 틈은 생명의 문이요, 부활의 첫 단추다. 껍질 속 새끼의 줄탁이 있고, 껍질 밖 어미

닭의 탁啄이 틈을 내주어야 비로소 병아리가 탄생한다. 달걀을 깨고 한 세상을 여는 신비의 생명도 틈으로부터 시작한다. 콘크리트 틈사이로 민들레가 피고, 씨를 날리기까지 틈은 위대하다. 싹을 틔우고, 벽을 틔우는 틈이다. 어둠의 틈에서 새벽이 밝고, 얼어붙은 대동강에 물꼬를 트는 것도 틈이다. 말을 트고 가슴을 트면 사람과 사람 사이 막힌 벽이 트인다.

  나는 틈을 경계하지 않는다. 아니 틈을 존중하는 편이다.

  사람들은 곧잘 무엇을 할 틈이 없다고들 한다. 바빠서 죽을 지경이라는 말을 입에 달고 살며, 오히려 일의 틈에 끼여 스스로 헤어나지 못한다. 틈이 생겨도 꼭 필요한 틈은 놓치고, 틈을 타려고 엿보다가 제 꾀에 틈이 틀어지고 만다.

  틈을 타려고 노리지 말고 틈을 여유로 즐길 일이다. 틈을 여백으로 누릴 수 있다면 실낱같은 틈이 반짝이는 길이 되기까지 틈은 곳곳에서 우리를 기다려준다.

  틈을 즐기면 기회와 휴식이 되지만 틈을 엿보는 순간 나락의 함정이 대기하고 있을지 모른다.

## 연가煙家의 연가戀歌

　온종일 오락가락하는 가을비를 피해 다니던 햇살이 교태전 쪽마루에 잠시 걸터앉아 숨을 고르더니 아미산 뒤뜰로 나앉는다. 양달이 두고 간 응달에 내가 가만 앉아본다. 봄볕이 머문 자리 뒷모습도 따스하다.

　햇살이 옮겨간 아미산 후원은 조명이 켜진 듯 눈부시다.
　크고 작은 나무들과 꽃들이 어우러져 천상의 꽃밭을 이루었다. 그 사이로 일정한 간격을 두고 4개의 화려한 굴뚝이 범접할 수 없는 위풍당당한 자태로 서 있다. 굴뚝의 품격이다. 단아하기는 아미를 숙이고 다소곳이 앉아있는 여인의 매무새요, 화려하기는 장식장을 수놓은 빛나는 자개 같고, 위엄의 품새는 군자의 고상하고 늠름한 기품이 서려 있다.
　나는 경복궁을 찾을 때마다 이곳 교태전을 먼저 오게 된다. 그 가운데서도 교태전 뒤뜰 굴뚝이 서 있는 아미산이다. 높아서 외로운 왕비의 삶이 겹치며 이곳에 오면 아름답지만 애잔하고, 고즈넉한 가운데 화려한 세상을 만난다. 다른 어느 곳에서도 실감할 수 없는 신선의 세계에서 느끼는 적요함, 품위 있는 쓸쓸함이랄까, 묘한 이중적 심리를 맛보게 된다. 그 가운데 내게 있어 백미白眉는 연가煙家다. 연기의 집, 연가. 지상에서 하늘로 올라가기 전 가장 높은 집이다.

태조 이성계가 창건한 이후 화재와 중건을 거듭하며 아픈 역사와 운명을 민족과 함께해 온 조선 제일의 법궁. 바람길과 물길을 고려하여 자리한 조선 왕조의 상징이며, 정치의 중심이었던 경복궁. 땅의 기운을 지키기 위해 높게 짓지 않으나 위엄과 격조는 검이불루 화이불치儉而不陋 華而不侈의 깊은 멋을 간직한 조선의 궁궐이다. 교태전交泰殿은 지을 당시 임금과 신하가 만나 정사를 돌보는 공간이자, 왕비의 생활공간인 침전으로 주역의 태泰괘에서 하늘과 땅의 기운이 조화롭게 화합하여 만물이 생성한다는 뜻을 담고 있다. 눈에 보이는 모든 것, 장식품과 시설물이 놓인 위치에도 주역의 깊은 원리와 의미를 담고 있다. 그중에서도 산의 기운과 물줄기가 모이는 잉孕자리에 인공 후원後苑을 조성했다. 경회루에서 나온 흙으로 왕조의 번영과 복덕, 왕비의 무병장수와 평안을 염원하는 마음으로 중국에서 가장 아름답고 신비롭다는 산의 이름을 따온 아미산峨尾山이다. 교태전 뒤뜰에 긴 돌을 두 개씩 놓고 그 위로 4단의 층계를 이루어 흙으로 쌓은 인공 꽃동산이다. 1단에는 화초와 꽃나무 속에 문인화에 그려지는 괴석이 놓여 있다. 2단에는 아담한 돌 함지 낙하담落霞潭, 함월지涵月池 연못 2개가 있다. 노을이 내려앉은 연못과 달을 머금은 연못, 이름만으로도 그윽하고 아늑한 운치가 서려 있다.

4단에는 소나무, 회화나무, 감나무 등이 있고, 3층에 주황색 벽돌로 탑처럼 우뚝 솟은 굴뚝 3개가 일정한 간격을 두고 나란히 서 있고, 나머지 1개는 뒤로 담장과 문쪽에 붙어 있다. 화계를 둘러싼 담장에도 황토색 벽돌로 격자무늬를 내고 꽃문양을 장식했다. 굴뚝과 꽃밭이 어우러져 그 자체만으로도 예술로 승화된 한 작품이다. 인공으로 만들면서 이런 조화미와 배치미, 자연스러움과 화려함이 한자리에 공존하는 아름다움이 돋보인다.

교태전 대청마루와 뒤뜰로 난 분합문을 모두 열면 대청과 후원이 환하게 소통된다. 구중궁궐이라 했던가. 마루 끝에 나와서면 층층이 펼쳐진 꽃동산을 보며 겹겹이 쌓이는 그리움에 때로는 눈물짓고, 때로는 미소 지었으리라.

육각형 모양의 굴뚝은 화강암 받침돌 위에 황토색 벽돌로 접착제 흔적도 없이 쌓아 올라갔다. 화마와 악귀를 막는 동물, 십장생과 사군자가 조화롭게 새겨지고, 맨 위에는 연기가 빠져나가는 연가煙家가 있다. 굴뚝 위에 기와를 얹고 그 위에 짙은 회색 점토로 기와집 4채가 옹기종기 새집처럼 얹어있다. 비와 바람으로부터 굴뚝을 보호하는 기능은 물론 조화로움과 아름다움을 겸비했다. 다만 연기가 나가는 굴뚝으로서가 아니라 목조건물 형태를 갖춘 후원의 장식물로서, 구조물이자 예술품으로 보물 제811호로 대접받는 이유이다.

　대비의 자경전으로 향하는 길에 아미산 화계와 이어지는 건순각 꽃담이 발길을 붙잡는다. 이곳은 담장의 일부가 굴뚝인 '십장생 굴뚝'이다. 그 담에 기대어 따로 굴뚝을 세우지 않고 담장보다 조금 앞으로 돌출되어 굴뚝을 만들었다. 이곳 역시 화마를 막기 위한 상징물과 대비의 무병장수를 담아 십장생 등이 병풍을 펼친 듯 새겨져 있다. 특히 암수 한 쌍의 학이 새겨진 모습이 만수무강의 의미를 강조함인 것 같다. 굴뚝 윗부분도 건물처럼 벽돌을 쌓고 기와지붕을 얹고 10개의 연가가 일렬로 나란히 배치되었다. 주황색 벽돌과 회벽의 대비가 선명하게 주황색 넝쿨무늬로 장식한 집 한 채가 고스란히 재현된 모습이다. 조선 시대 굴뚝 가운데 가장 아름다운 굴뚝으로 보물 810호의 자격을 갖추고 있다. 자연스러움이 빚어낸 파격의 아름다움이라고 해야 할까. 자리를 뜰 수 없는 매력이다.

　왕비는 때때로 지금 내가 서 있는 이곳 대청마루로 나와 아미산을 바라보며 얼마나 많은 상념에 잠겼을까. 모락모락 피어오르는 연가의 연기를 바라보며 사가의 친정 굴뚝을 떠올렸으리라. 부모님과 형제들이 사무치게 그리운 밤, 님을 기다리는 수많은 길고 긴 밤, 종이학을 가슴으로 접고 또 접어 저 연가에 넣었다가 연기와 함께 날려 보냈으리라.

# 동백처럼만

나는 들꽃이 좋다.

송이가 큰 꽃보다는 조그마한 꽃송이가 오밀조밀 모여 있는 것이 좋고, 빛깔도 단번에 눈길을 사로잡는 호사스러운 것보다 있는 듯 없는 듯 피어서 눈에 잘 띄지 않는 수수한 꽃이 좋다. 원색으로 요란한 꽃은 화장 짙은 여인처럼 기품을 겸비하기 어렵지만, 은은하게 피어 있는 들꽃은 바라볼수록 끌리는 갸륵함을 지녔다. 확 끌어당겼다 시틋해지는 꽃보다 긴가민가 다가가서 들여다볼수록 촘촘한 아름다움을 머금은 꽃이 좋다. 화원에 있는 화려하고 꽃대 튼실한 꽃은 콧대조차 높아 보여 괴리감이 들고, 소소하고 가냘픈 들꽃은 섬세하고 풋풋한 매력에 볼수록 빠져든다.

그런 나의 편견에 빨간 불이 켜졌다.

천지가 소복이 쌓인 눈에 덮인 날, 초록의 이파리 속에서 아리도록 붉은 빛으로 홀로 핀 꽃, 화려함 가운데 무감한 듯, 도도함 가운데 고졸한 동백의 유혹에 그만 넋을 빼앗겼다. 그것도 다산초당과 백련사를 넘나드는 강진의 호젓한 동백 숲길에서였으니. 다산 정약용과 혜장 스님, 초의 스님이 종교와 나이를 초월하여 교유하던 길, 유학과 불교가 만나고, 사철 푸른 차나무와 동백이 피고 지는 길. 이 길을 다산 선생과 혜장 스님은 수없이 오고 가며, 피고 지는 동백 꽃잎만큼이나 진한 친분을 나눴으리라. 차의 숲이요, 사색의 숲, 철학의 숲, 구도의 숲인 이곳 동백 숲길에서, 가던 길을 멈추고 가만히 눈을 감는다. 더 또렷이 보기 위해서. 더 오래 기억하기 위해서. 눈을 뜨고 보면 시계 안에 갇히는 것들이, 눈을 감고 보면 귀로도 보이고 가슴으로도 보인다. 동백꽃 생 꽃이 목을 꺾고 툭 떨어지는 소리가 보인다. 그 붉은 꽃송이가 내 가슴으로 오롯이 들어오며 묵상이 주는 무게가 떨어진 꽃잎처럼 붉은 밑줄을 긋는다.

 신의 섭리는 참으로 공평하다. 동백에게는 불타는 정열의 색을 주신 만큼 향기를 부여하지 않았다. 벌과 나비 대신 동박새와 직박구리로 하여금 마음껏 꿀을 먹고 가루받이로 종족 번식을 하게 하였다. 세한삼우 송, 죽, 매에 동백이 빠진 것은 오히려 그 화려함 때문이 아닐까 생각한다. 그러나 한국화의 대가 허백련 선생이 매화, 동백, 수선을 군자삼우로 삼았으니 그 고고함은 인정받은 셈이다. 소나무가 독야청청이라면, 동백은 독야청청에 불꽃 같은 단심을 더했으니 더욱 가상하고 고매한 일이다.

피어서는 고혹스런 빛깔로 시선을 끌고, 마지막 지는 모습 또한 미련 없이 깨끗하다. 나무에 매달려 늙고 시들어가는 애처로움 없이 가장 절정일 때 과감히 뛰어내려 황량한 땅 위를 붉은 비단길로 물들이고 간다. 변치 않는 신념과 절개를 지켜내는 선비의 모습이다. 나무에 피었을 때는 오히려 짙푸른 나뭇잎에 가려 잘 보이지 않고, 땅에 떨어져 비로소 제 빛이 드러내는 모습까지도.

천연기념물 151호 백련사 동백 숲은 수령 300년 된 동백나무 1500여 그루가 차나무, 비자나무, 후박나무, 굴참나무와 함께 빛이 들어올 공간조차 없을 만큼 우거져 있다. 그 가운데는 600년 수령을 가진 나무도 있다. 더구나 부도 탑 6기가 군데군데 마치 고깔을 쓰고 있는 듯 돌탑으로 세워져 그 운치를 더하고 있다. 백련사로 구불구불 이어진 길가 연못에 떠있는 꽃송이가 양쪽으로 우거진 동백 숲 터널 아래 흩어진 꽃잎과 함께 별천지, 꽃 천지다. 추운 겨울부터 시나브로 피었다가 툭툭 떨어져 땅을 수놓은 꽃을 밟기라도 할까 걸음마다 조심스럽다. 나도 꽃 한 송이를 가만히 물 위에 띄워본다. 붉은 진사 찻잔에 황금빛 수술이 천상의 차가 되어 하늘을 우러르고 있다.

담쟁이와 마삭줄이 감고 올라간 오래된 나무 그루터기에 누군가 떨어진 꽃송이를 소복하게 올려 놓았다. 자연의 아름다움에 사람의 손길을 얹은 낭만의 꽃다발이다. 옹이진 가지마다 핏빛 꽃을 피우기까지 나무의 혈관은 얼마나 고단하고 힘들었을지, 여기저기 검버섯 피고 거친 껍질에 툭툭 불거져 혹을 매단 나무가 몸으로 말하고 있다.

가장 화려할 때 땅에 떨어진 동백꽃은 고운 모습으로 대지와 정을 나누고 서서히 빛을 잃고 말라간다. 그리고 제가 태어난 나무에 거름이 되어, 저를 품었던 숲에 한 점 흙으로 귀의한다.

　인생의 마지막 가는 길이 동백꽃만 같기를.
　삶의 가지에서 떨어질 때를 알고, 온전한 육신으로 짧게 한 이틀만 세상과 작별을 준비하고, 정갈하게 흙으로 돌아갈 수 있기를.

# 귀 뚫어요

　강과 바다가 능히 골짜기의 왕이 되는 까닭은 강과 바다가 골짜기 아래 있기를 좋아하기 때문이다. 이에 성인이 백성들 위에 있고자 한다면 반드시 말로써 자기를 낮추어야 하고 백성들 앞에 서고자 한다면 반드시 몸으로써 자신을 뒤로 해야 하는 것이다. 그렇게 하면 성인이 백성들 위에 있어도 백성들이 성인을 무거워하지 않을 것이고 성인이 백성들 앞에 있어도 백성들이 시기하지 않을 것이다. 그리하여 천하가 성인을 즐거이 받들고 싫어하지 않는 것이다.
　(중략) 또한 성인은 겨루려 하지 않으니 천하의 무엇도 그와 더불어 다투려하지 않는다.

　읽어도 헤아리지 못하고 들려줘도 다 알아듣지 못하는 나는, 읽던 『도덕경』 66장을 덮는다. 인적은 뜸하고 어둠이 총총해졌다.

건널목에서 신호등을 기다리다가 문득 귀뚤 귀뚤 귀뚜루루 생경한 소리가 들린다. 어제도 이 시간쯤 목이 터져라 울어 제치는 매미소리를 들었다. 나무 바로 아래 서 있다가 어찌나 큰 소리로 우는지 위를 올려다보기까지 했으니 말이다. 잘못 들었나. 귀뚤 귀뚤 귀뚜루루 보도블록 어느 틈에서인지 분명 귀뚜라미 소리다. 그동안 매미의 고성에 눌려 내가 듣지 못한 건지, 오늘 처음으로 들리는 소리에 반갑기도 하고 왠지 스산한 맘이 들기도 한다. 어제가 입추였으니 이상할 게 없는 일이기도 하다.

초목도 절기도 풀벌레까지도 제가 나타날 때와 사라질 때를 스스로 지킬 줄 안다. 나올 때와 물러날 때를 모르는 건 인간뿐이다. 좋은 때를 골라 태어나려고 억지를 쓰지도 않고, 목숨 줄을 연장해보려고 안간힘을 쓰지도 않는다.

건널목을 건너서 콘크리트 높은 담장을 지난다. 한쪽으로 잡초 무성한 풀밭이 나오자 다시 귀뚤 귀뚤 확실한 귀뚜라미 소리다. 이쪽 저쪽에서 제법 합창을 한다. 집으로 가던 걸음을 돌려 농고로 들어선다. 집 가까이 있는 농고는 110여 년의 전통 만큼이나 온갖 나무와 꽃이 울창하고 넓은 잔디밭과 숲길이 있어 산책하기에도 운동하기에도 더없이 좋은 곳이다. 시내에서 볼 수 없는 논과 밭, 온실까지 갖추고 있어서 웬만한 정원 못지않은 자연농원이다. 수목원처럼 조성된 나무 숲길에서는 온갖 풀벌레 소리를 들을 수 있고, 논에서는 개구리와 맹꽁이 울음소리가 들려서 멀리 시골길에 접어든 듯 정겨운 곳이다. 풀과 숲을 좋아하는 내가 시간 날 때마다 들러 자연과 벗할 수 있는 가장 가까운 곳이기도 하다. 교문을 들어서자 자태부터 다른 소나무의 행렬이 달빛 아래 그윽하다. 둥글고 풍성하게 잘 다듬어진 향나무가 한 그루 한 그루 저마다 산으로 솟아 있다. 오늘은 운동보다 귀뚜라미 소리를 감상하고 싶다. 가로등이 환하게 밝혀진 교정의 계단에 손수건을 깔고 앉았다. 발자국 소리에 뚝 끊겼던 귀뚜라미 소리가 동시에 합창을 한다. 넓고 번듯한 자리가 널려 있건만 콘크리트 차디찬 계단 틈에, 풀 숲 가장 눅눅한 곳에, 돌 틈 사이에 자리를 잡고 목을 놓아 운다. 서러운 호곡일까. 가을날의 아리아일까. 어디서 날아왔을까, 팅기듯 내 가까이 귀뚜라미 한 마리가 선물처럼 등장했다. 숨을 죽이고 미동도 하지 않는다. 가로등 불빛이 그의 몸매를 환히 비추고 있다. 몸빛부터 가을색이다. 가을의 전도사답게 흑갈색 정장을 차려입고 나타났다. 시원하게 삭발한 민머리에 노란 띠를 두르고 2센티도 안 되는 단신이다.

　더듬이만 제 몸보다 배가 넘는 길이로 한 치 앞을 더듬어 천 리를 내다보는 듯 바삐 움직인다.

　수컷이면 앞날개에 발음기를 비벼서 소리를 낼 텐데 울지 않는 걸 보니 암컷인지, 나를 의식하고 낯가림을 하는 것인지 울지도 않고 얌전하다. 환하고 높은 곳은 넘볼 기미도 없어 보인다. 한참 주변을 살피더니 폴짝 뛰어 어둡고 음습한 풀숲으로 자리를 옮긴다. 제 쉴 곳은 낮고 좁은 틈, 그 틈뿐이라는 듯. 목청 좋은 수컷을 찾아 나선 것일까,

합창할 동료를 찾아 나선 것일까. 20여 일 사는 동안 수컷은 암컷을 부르는 세레나데로, 암컷은 그 사랑의 부름을 받아들이는 순애보로 사랑의 결실을 맺는 짧은 생이다. 5월에 애벌레로 깨어나 8월쯤 어른 귀뚜라미가 되고, 10월 중순이면 알을 낳고 어미는 죽는다. 먹는 것도 까탈 부리지 않고 아무거나 닥치는 대로 먹고 가장 낮은 곳, 가장 좁은 곳을 택한 소박한 삶이다. 눈부신 대낮의 밝음보다 어둡고 고요한 밤을 택해 그가 소리 높여 하고 싶은 말은 무엇일까.

어둠은 깊어 주위가 사위어가고 달빛만이 교교하다. 침침하고 음습한 곳마다 귀뚜라미 우는 소리만이 이 가을밤의 자객이다. 어둠을 찌르고 내 우둔함을 찌른다. 문득 아까 읽다만 『도덕경』의 경구가 들려온다. '아래 있으므로 왕이 될 수 있음'을……

가장 낮고 축축한 어둠 속에서 가을밤의 왕, 귀뚜라미가 몸으로 울어 일깨우고 있다.

귀 뚫어 귀 뚫어 귀를 뚫어요오오오…….

제2부

# 다산의 숨결

산자락을 덮고 있는 동백 숲과 야생 차밭은
백련사에서 다산초당을 이어주는
겨울의 꽃길이요,
꽃 같은 인연의 길이다.

# 다산의 숨결, 오솔길

 백련사 배롱나무에 기대어 야생 차밭 너머 잔잔한 구강포를 바라본다. 햇살에 비친 윤슬이 은빛 보석으로 빛난다. 찻잔을 받쳐 든 듯 강물은 잔잔하고 고요하다. 한줄기 바람이 불어오니 차향과 함께 비릿한 바다의 향기가 훅 끼쳐온다.
 다산초당 가는 길로 접어든다. 나무 계단을 밟고 오르는 숲길은 하늘을 찌르는 고목과 대나무, 소나무, 동백이 어우러져 녹음 울창한 터널을 이룬다. 200여 년 전 유배 온 유학자와 선승의 숨결이 배어 있는 길, 그 옛날 백련사 주지 아암 혜장 선사와 다산 선생이 오고 가던 숲길에 들어서니 숲속의 향기마저 유서가 느껴진다. 숲길을 따라 구불구불 솟아오른 나무뿌리를 밟을 때마다 안쓰러운 마음에 나도 모르게 발에 힘을 덜어내며 걷는다. 긴 세월 얼기설기 얽히고 드러난 뿌리로 험한 길에 징검다리가 되어준 나무는 그저 누긋하게 지나가는 발걸음을 받아준다. 흙길과 한 몸이 되어 살아 움직이는 듯 꿈틀꿈틀 오솔길을 장식한 고목의 뿌리가 장엄하기까지 하다. 울퉁불퉁 불거진 뿌리의 근육이 다산 선생의 사사로움에 연연치 않는 단단함을 닮았다는 생각을 한다. 또한 험난하고 고달팠던 18년 긴 유배생활을 대변하는 듯도 하다. 남도 끝자락에 학문의 꽃을 피우며 고승과의 교류와 대화로 만들어낸 오솔길. 온몸으로 다산 선생과 혜장 선사의 숨결을 느끼며 천천히 걷는다. 드넓게 펼쳐진 야생 차밭은 다산이 혜장에게 차를 보내 달라 구걸한 '걸명소'에서 '아끼지 마시고 파도 같은 은혜 베풀기 염원한다' 했던 그때의 차밭은 아닐까 생각해본다. 차밭 너머 구강포가 그린 듯 떠 있다. 고려 시대부터 이곳 만덕산은 자생하는 야생 차밭으로 그 이름이 '차의 언덕' 다산茶山이었음에 정약용 선생은 이곳에서 긴 세월을 보내며 차와 떼려야 뗄 수 없는 깊은 인연을 맺는다. 산자락을 덮고 있는 동백 숲과 야생 차밭은 백련사에서 다산초당을 이어주는 겨울의 꽃길이요, 꽃 같은 인연의 길이다.

 단단한 흙길이 이어지며 초록의 향연에 눈이 맑아지고, 산새 소리, 나뭇잎 바스락거리는 소리에 귀가 환해진다. 내 모든 감각이 숲을 향해 열리며 가벼워져, 날아오르는 새가 나뭇가지를 튕기는 소리, 다람쥐가 미끄러지듯 달아나는 소리까지 들린다. 흙냄새, 풀 향기, 꽃향기가 어우러져 내 몸의 세포가 모두 활짝 열린다.

 걷다 보면 오르막, 걷다 보면 내리막길이 숲 사이로 이어지며, 내려다보니 올라온 만큼 백련사 지붕이 동백나무 숲 사이로 저 아래 보인다. 햇살 가득한 흙길 위에 나무 그림자가 바람에 흔들리며 말을 건넨다. 200여 년 전 다산 선생과 혜장 선사가 걷던 발자국 위에 너의 발자국이 겹치고 있다고.

다산이 혜장을 만나러 갈 때는 '백련사 가는 길'이요, 혜장이 다산을 만나러 갈 때는 '다산초당 가는 길'이 되는 지고지순한 만남의 오솔길.

> 삼경에 비가 내려 나뭇잎 때리더니
> 숲을 뚫고 횃불이 하나 왔다오.
> 혜장과는 참으로 연분이 있는지,
> 절간 문을 밤 깊도록 열어 놓았다네.

오솔길에서 만난 다산의 시를 읽으며 가슴이 뭉클하다. 참 아름답고 고매한 우정의 길이다.

오솔길이 끝날 즈음 천일각이 우뚝 서 있다. 앞으로 바다, 뒤로는 동백 숲, 위로는 하늘을 이고 아래로는 향긋한 차밭이 펼쳐진다. '하늘의 끝 모퉁이' 천애일각天涯一閣에 서서 생각에 잠긴 다산 선생의 모습을 그려본다. 돌아가신 정조 대왕과 흑산도에 유배 중인 형님 정약전을 그리며 강진만을 바라보는 외로운 선생의 뒷모습이 보인다.

상념에 젖어 걷다 보니 저만치 다산초당이 나타난다.

다산이 거처하며 『목민심서』 외 수많은 책을 쓰신 '송풍루 동암'이 먼저 나온다. 다산이 강진 유배기간 동안 이곳에 머물며 후학을 가르치고, 초당에 있는 동안 대부분 시간을 이곳에 머물며 집필했다고 한다.

추사의 친필을 모각한 '다산초당茶山草堂' 현판도 초당의 이미지와 조화를 이루고 있다. 지금의 기와집이 아닌 원래의 초당으로 복원이 되었더라면 하는 아쉬움이 남는다. 초당의 나무에는 청록빛 이끼가 세월의 옷을 입고 의연하고, 마삭줄은 응석하듯 나무를 타고 오른다.

초당 절벽에는 바위에 선생이 직접 새긴 정석丁石이라는 글씨가 간단하여 강인하다. 서암 옆에는 선생이 직접 축대를 쌓고 만든 연못에 동백 그늘 드리워진 연지석가산이 있고, 붉고 노란 잉어 떼가 유유히 헤엄을 치고 있다. 가랑비 오는 저녁 일부러 나와서 잉어에 밥을 주셨다는 그 물고기의 후예는 아닐까 생각해본다. 이곳이 '다산초당의 얼굴'이라 하신 만큼 초당의 모습은 그대로 투영되어 연못에 아른거린다. 마당 한가운데는 차 부뚜막으로 쓰던 돌로 된 다조茶竈가 놓여 있어, 선생이 차를 얼마나 즐기고 아꼈는지 방증하고 있다. 초당 쪽마루에 앉으니 인공 석가산 앞으로 넘실대는 강진만이 펼쳐지고, 뒤로는 겨우내 눈서리와 싸워 이기고 푸름을 간직한 차나무가 새잎을 올리고 있다. 사철 푸른 소나무와 차나무의 푸른 기상이 다산 선생의 기백을 머금고 바람에 나부낀다. 선생이 직접 따고 만들었다는 만덕산 찻잎의 맛은 어떨지 뾰족이 올라오는 찻잎 하나를 따서 먹어본다. 배릿하고 쌉싸름한 향이 먼 시간을 건너와 아리게 전해진다.

혜장 스님과 다산이 서로가 그리워 하루가 멀다고 오갔고, 정담을 나눈 후 밤늦게 돌아와서도 다시 가서 보고 싶을 정도였다는 동백 숲과 야생차가 아름다운 길. 다산초당 가는 길은 내 가슴에 환한 오솔길로 남아 있다.

# 눈으로 듣다, 귀엣-고리

더듬어 올라가는 먼 과거는 다가올 미래다.

거슬러 올라간 백제의 이야기를 듣기 위해 나선 길에는 훗날 또 다른 과거로 남을 오늘 하루가 익어가고 있다. 들판은 들판대로 여물어 가는 곡식의 농익은 황금빛으로 출렁이고, 초목은 초목대로 저마다 떠날 채비로 가장 난만한 옷을 꺼내 입는다. 호사스러워서 더 아름다운 건 가을나무다. 물들어 가는 단풍에 넘어가는 햇살이 조명되니 가로수는 거대한 꽃 그루가 되어 서 있다. 자연은 소멸과 생성의 순환 고리를 돌리며 과거와 현재, 미래를 만들어가고 있다.

다만 하나의 구릉일 뿐이던 어둠 속에서 1500년의 시간이 흐른 뒤 들여다보는 타임캡슐 무령왕릉, 그 위대한 발견 이후 발굴 50년의 시간을 '백제 귀엣-고리, 자세히 보아야 예쁘다'가 열리고 있는 국립공주박물관을 찾았다. 무령왕과 왕비 귀걸이를 비롯한 142건, 백제의 귀걸이 216점을 한자리에 모은 최초의 전시이다. 살아오면서 단 한 개의 짝 잃은 귀걸이를 소장하고 있는 나로서는 그 종류만으로도 가위가 눌린다.

전시장을 들어서자 눈길을 휘어잡는 무령왕과 왕비의 귀걸이가 휘황찬란한 빛을 발하고 있다. 왕의 귀걸이는 길이가 10센티, 무게 50그램 정도의 순금으로, 고리에 두 줄의 드림 장식이 달려 있다. 하나는 금을 둥글게 말아 만든 원통형에 복숭아 모양으로 크기가 다른 장식이 두 개 달려 있고, 또 하나는 나뭇잎 모양의 달개 아래로 금 알갱이가 빼곡히 박혀 있다. 끝에는 굽은 옥으로 연결되어 있다. 금 사이로 붉은색과 녹색 장식이 화려함을 더한다. 100개가 넘는 미세한 부품을 세공하고 조립한 그 시대 장인의 손길에도 놀라움을 금할 수 없다. 왕비의 귀걸이는 고리에 두 줄의 드림장식이 있는 것은 같으나 속을 비워 무게를 가볍게 한 것으로 보인다. 연결고리는 원형의 금봉을 둥글게 말아 길게 늘어뜨리고 금실을 꼬아 화려함을 더했다. 끝 장식은 펜촉 모양과 나뭇잎 모양의 달개를 달고 가장자리에는 금 알갱이 장식과 새김 장식을 돌렸다. 귀걸이 하나에서 뿜어지는 세공의 섬세함과 순도 99퍼센트의 순수한 화려함에 넋이 나간다. 보물 제156호 무령왕 금 귀걸이와 보물 157호 왕비의 금 귀걸이가 1500년의 세월을 건너서 그날의 고결한 광채를 여전히 발하고 있다.

무령왕릉은 발견 당시 무늬가 새겨진 벽돌로 쌓은 부드러운 아취형 곡선의 내부 모습이었다고 한다. 입구에는 수호신인 돌짐승 진묘

수가 봉분을 지키고, 그 앞으로 무령왕과 왕비의 묘임을 알리는 지석이 2매 모셔져 있었다고 한다. 송산리 고분군 중에서 유일하게 도굴되지 않고 지켜졌던 비밀은 이 수호신의 힘이었을까. 금송으로 모셔진 목관 꾸미개 아래에서 발견된 정교하고 호화로운 왕과 왕비의 육신을 감싸고 있던 수많은 장신구와 부장품 2906점이 쏟아져 나왔다고 한다. 그 가운데 왕과 왕비의 능에서 출토된 귀걸이를 비롯한 백제의 귀걸이 특별전이 열리고 있는 것이다.

  귀고리와 귀걸이는 같은 듯 다르다. 고대부터 고리 모양의 귀고리가 이어지다가 조선시대 유교의 영향으로 귓불을 뚫는 것을 금기시하면서 귓바퀴에 거는 귀걸이로 바뀌게 된 것이다. 신석기 시대부터 돌이나 옥을 가공하고 구멍을 뚫어 걸거나, 고운 점토를 사용하여 만든 원반 모양의 귀걸이가 있었음을 알 수 있다. 한반도에서 가장 오래된 귀걸이는 김포 운암동 유적에서 발견된 장구 모양의 금 장신구다. 얇은 금판을 둥글게 말아 구두주걱과 같은 형태로 끝이 선형 모양을 하고 있다. 삼국시대 귀걸이는 귀에 다는 고리의 굵기에 따라 가는 고리 귀걸이와 굵은 귀걸이로 나뉘며, 그 안에 삼국의 미묘한 정서와 문화가 그대로 전해진다. 귀를 장식하는 것에 그치지 않고 사회적 신분과 권력을 나타내는 신분의 상징물이었던 것이다.

  백제의 귀걸이는 입체와 평면의 다채로운 장식과 디자인이 뛰어난 금 세공술을 보여준다. 또한 화려한 드리개로 아름다움을 살려 이것을 만든 장인과 착용한 사람들의 사회·문화적 의미까지 담은 세련미를 갖추었다. 고구려는 그 당시 국민성을 닮아 선이 굵고 강건한 느낌이다. 신라는 역시 정교하고 화려함을 간직하고 있다. 반면에 간결하면서도 독특한 장식이 돋보이는 것은 가야의 귀걸이다.

들여다보아도 잘 보이지 않는 앙증맞은 것부터 귀에 걸기에는 부담스러운 커다란 크기의 귀걸이와 유리구슬, 흑옥, 흙이나 동물 뼈로 만든 것, 돌을 깎아 만든 것, 그 종류도 모양도 다양한 2백여 점 귀걸이들이 잊혀져간 백제의 이야기를 소곤소곤 속삭여주고 있다. 고대 한반도에 '귀걸이의 나라'가 있었다고. 강원도 화천에서 전라도 나주까지 작고도 정교한 귀걸이를 걸고 다녔다고. 귓불에 지름 3㎜나 되는 큰 구멍을 뚫어 금이나 금동으로 만든 귀걸이를 걸고 다닌 나라가 백제였다고. 둥근 고리에 금실이나 사슬로 연결고리를 걸고 화려한 드리개를 달아 모양은 비슷하지만 은은한 멋과 품격을 즐길 줄 아는 민족이었다고.

'백제 귀엣-고리'는 순금의 찬란한 빛의 고리에 과거와 현재, 미래를 꿰고, 나라와 나라를 꿰어 세계화를 꿈꾸던 연결고리요, 대망의 네트워크다.

나는 귀걸이를 사본 적도 없고 해볼 맘도 먹은 적이 없다. 결혼하는 날 단 한 번 폐물 받은 기념으로 귀걸이를 해보았다. 여간 거치적거리고 불편한 게 아니었다. 그 후 보관만 하다가 집이 빈틈을 타 누군가 서랍을 도굴(?)해 갔다. 그때 시간이 다급했는지 챙기다 흘렸는지 귀걸이 하나만을 흘리고 갔다. 그나마 증표로 남겨두고 갔으니, 내게 적선을 한 셈이라 여기며 서랍 속에 간직하고 있다. 심심파적으로 한 번 해볼 기회마저 잃은 채, 처음으로 귀걸이 해본 날이 맺어준 인연의 고리로 엮어 가는 내 이야기를 조곤조곤 외짝 고리에 꿰고 있다.

# 백일 미터의 고요

종묘

 편액도 단청도 없습니다. 장식도 치장도 없습니다. 기와를 얹은 나무 기둥과 나무로 만든 대문 위쪽에 닿아도 드나들 수 있는 영혼의 문살이 있을 뿐입니다. 옷매무새를 가다듬자 숨결도 가지런히 숙연해집니다.
 지위를 막론하고 누구라도 말에서 내리라는 하마비를 지나서 조선의 역대 왕과 왕비의 신위를 모신 종묘 정전 입구에 섰습니다. 녹음 우거진 넓은 마당 한가운데 단정하게 누운 돌길이 길게 뻗어 있습니다. 자연스럽고 넓적하게 다듬어진 돌을 깔아 신이 다니는 길을 냈습니다. 동으로는 왕의 길, 서로는 세자의 길이 나란히 놓여 있습니다. 그 옆으로 난 흙길조차 밟기가 조심스러워 가만가만 딛고 들어갑니다. 길가에는 네모진 연못 한가운데 동그랗게 향나무를 품고 있는 둥근 동산이, 땅은 각지고 하늘은 둥글다는 천원지방天圓地方의 의미를 보여줍니다. 조선의 정신은 세워진 기둥 하나, 놓인 돌 하나에도 스미고 새겨져 녹아 있습니다. 소박하리만치 단조로운 대문과, 혼이 드나드는 문살, 신의 길을 따로 만들어 모시는 예, 물을 가두는 연못 하나도 소홀히 자리한 것은 없습니다. 늘어서 있는 소나무 그림자가 신의 길 위에 그림자를 드리웁니다. 신이 걷는 땅의 길도, 인간이 걷는 땅의 길도, 햇살 아래 환하게 이어집니다. 그 위에 나뭇가지가 그림자를 엮어 가며 밝음과 어둠, 양지와 그늘, 산자와 죽은 자의 교감이 얼비쳐서 흔들립니다. 죽음과 삶은 늘 같이 걸어가는 것이라고 잔가지 파르르 떨리며 말해줍니다.

백일 미터의 지붕이 드리운 고요는 쉽게 발을 떼어 놓을 수 없게 붙듭니다. 광활한 월대와 그 앞에 펼쳐진 돌마당에 숨도 잠시 멎습니다. 땅을 덮은 바다, 그 바다의 물결처럼 이어지는 기와의 출렁임이 소리조차 내지 않고 굽이칩니다. 한눈에 담을 수조차 없는 도도함은 너무 무거워 엄숙하고, 너무 차분해서 장엄하다는 표현으로는 채워지지 않습니다. 하늘과 수평으로 길게 이어지는 지붕과 그 아래 짙은 어둠, 그리고 긴 건물을 품고 펼쳐져 있는 돌마당뿐이건만 더 다가갈 수 없는 마력 같은 기운이 엄습합니다. 크기도 모양도 서로 다른 얇고 널따란 돌이 박힌 월대月臺가 동서로 109미터, 남북으로 69미터나 된다고 합니다. 그 가운데는 신의 길이 곧게 나 있습니다. 정전을 안고 있는 월대는 안정감과 엄숙함으로 둘러 있습니다. 월대에 깔린 울퉁불퉁한 박석은 자연의 멋과 쓰임의 품격을 한 몸에 지녔습니다. 빛이 난반사되어 눈부심이 일어나는 것을 막고, 돌 사이로 빗물이 잘 빠져 배수가 잘 되도록 합니다. 시각의 멋과 실용의 미를 갖추고, 조심조심 삼가며 들어오라는 일깨움까지 담고 있습니다. 가까이 다가가니 가슴 높이까지 닿는 월대의 높이가 예와 섬김을 말해줍니다. 월대는 음악과 춤으로써 신을 맞이하는 곳이며, 산 자와 죽은 자의 만남의 공간입니다. 이곳에서 펼쳐지는 종묘제례와 종묘제례악은 종묘의 귀중한 의식입니다. 종묘제례악은 기악 연주와 노래·춤이 어우러진 궁중음악의 정수로서 우리의 독특한 멋과 아름다움을 지닌 '종묘악'으로 국가무형문화재 제1호 문화유산입니다. 종묘제례는 역대 왕과 왕비의 신위를 모셔 놓은 사당에서 지내는 제사로 '대제大祭'라고 하며 국가무형문화재 제56호 문화유산입니다. 종묘는 사직과 더불어 국가존립의 근본으로 태조부터 순종까지 19실 정전과, 마지막 영친왕까지 16실이 모셔진 영녕전이 있습니다. 그 독창성과 우수성으로 유네스코 '인류구전 및 무형유산 걸작'으로 선정되었습니다.

  정전 안으로 들어섭니다. 지붕을 바치고 있는 둥근 원기둥의 긴 행렬과 단청조차 없는 단순한 반복이 까마득한 소실점을 만듭니다. 고요는 장엄함의 극치요, 웅장함은 엄숙함의 경지입니다. 지붕 아래 끝이 보이지 않는 긴 복도는 무장식의 단조로움과 침묵이 빚어 내는 영혼의 신성한 영역입니다. 깊은 어둠이 고여 있는 월랑은 산 자가 바라보는 죽은 자의 그림자입니다. 닫혀 있는 문은 살아서 들어갈 수 없고, 죽어서 나올 수 없는 영혼을 위한 문입니다. 태조 당시 7칸을 시작으로 지금의 19칸 정전이 되기까지 442년 세월은 지붕의 길이만큼 길고, 역사의 수레바퀴처럼 반복됩니다. 반복된 시간은 쌓여서 집이 되고, 집을 덮은 지붕은 천년의 고요를 품었습니다. 조선 왕조의 뿌리를 묻은 엄숙한 고요는 빙켈만이 말한 '고귀한 단순과 조용한 위대' 바로, 그것입니다. 조선왕조로부터 지금까지 제례를 모시며 살아 있고, 자자손손 살아 있을 백일 미터의 지극한 고요가 강물로 흐르고 있습니다.

# 어느 수집가의 초대

 모처럼 서울 나들이다. 아들이 받은 초대장에 우리 부부가 덕을 본 셈이다. 국립중앙박물관 계단 위로 뭉게구름이 물 끓듯 피어오르는 하늘 아래 저만치 서울타워가 그림 같다. 들여다보면 요란한 서울이 나앉아 풍경이 되니 그윽하다. 맑은 날 마주한 전경에 더 취하고 싶지만 마음은 총총 전시실로 향한다.

 두 손을 모은 벅수 부부가 어귀에서 기다리고 있다. 표정은 담담하나 단정한 자세가 경건하게 손님을 맞는다.
 권진규의 점토로 구운 궁궐의 붉은 대문을 지나자 은근한 조명이 마치 입술에 손가락을 대고 '쉿' 하듯이 감상의 분위기를 지그시 유도하며 안내한다.
 집안으로 들어서니 '가족과 사랑'의 온화가 발그레한 빛으로 악수를 청한다. 거인처럼 큰 노부부가 황토 땅 위에 누워 있는 기와집 종이부조다. 현대사의 굴곡 속에서도 가족을 지키기 위해 굳건하게 터전을 일구고 살아간 우리 모두의 어머니 아버지 〈김씨 연대기〉, 임옥상 작품이다. 지난한 세월 속에 우리 부모님들의 땀과 희생을 곱씹어 생각하니 숙연하다.

여느 집과 다르지 않게 벽에는 부모님의 사진이 걸려 있다. 소색의 한복차림으로 다소곳이 눈을 아래로 향한 조선의 어머니는 박득순의 〈봄의 여인〉이다. 수염을 가지런히 다듬어 기르신 이종우의 〈부친 초상〉은 근엄한 그 시대 아버지의 모습이 또렷하게 느껴진다. 우리나라 최초로 프랑스 유학을 했다는 작가의 열정이 이종우의 그림을 더 오래 들여다보게 하는 힘이기도 하다.

한국의 첫 여성 조각가 김정숙은 가장 단순한 합체만으로도 가장 완벽한 하나를 〈키스〉라는 이름으로 완성했다. 단단한 돌이 주는 단단한 결속력이 둘이 만든 단단한 하나다.

작은 원 안에 아이와 함께 벌거벗은 부부를 그려 낸 장욱진의 〈가족〉 앞에 오래 머문다. 원두막과 해와 달, 강아지 한 마리와 함께 작은 그림 한 폭에 우주를 담았다. 사랑스러움, 자유로움, 편안함, 안락함이 느껴지는 이 그림은 장욱진이 혼자 있으면서, 꿈꾸고 그리워한 가족의 모습이었다는 사실이 더 애잔하게 다가온다.

박수근의 〈아기 업은 소녀〉 앞에서는 내 동생을 업은 나를 만나 어린 시절로 돌아간다. 삼대독자인 동생은 나에게도, 운다고 바닥에 내려 놓지 못하는 존재였다. 동생의 학비가 우선이라는 생각으로 누구도 강요하지 않은 대학을 접고, 서울로 일자리를 찾아 떠나던 내 모습이 아기를 업은 소녀의 눈빛에 들어 있다.

정약용 선생이 어느 정씨 부탁을 받고 비단에 써주었다는 「정효자전」 가운데 자식을 잃은 슬픔을 '자식을 잃고, 벗을 잃고, 스승을 잃었다'고 쓰인 대목에서 나는 읽어 내려가던 글을 되짚어 읽어 보았다. '떠나보낸 자식에게 아버지가 남긴 글이 맞는가'라는 의문으로. 앞서 간 자식이 벗이요 스승이었다고 말할 수 있는 아버지는 어떤 인품의 인물이었을까. 물이 흐르듯 커졌다 작아지는 정약용 서체의 균제미와 더불어 감동으로 오랫동안 뭉클함이 가시지 않는다.

이중섭의 〈판잣집 화실〉과 〈현해탄〉을 건너 가족과 상봉하는 장면을 그린 엽서크기의 그림 앞에서는 문득 신영복 선생을 떠올렸다. 감옥은 아닐지라도 가족을 그리며 좁고 음침한 판잣집 단칸방에서 누리는 자신만의 호탕한 자유로움이 닮아 있다. 지극히 간단한 스케치로 단숨에 그려낸 듯 방문 앞에는 웅크린 강아지 한 마리가 춥고 을씨년스럽게 지키고 있다. 방 안에는 술병인 듯 빈 병, 벽면을 가득 채운 본인의 작품들이 빼곡하다. 벌레가 기어 다니는 방바닥에는 술 한잔 걸친 불콰해진 화가 자신이 파이프를 한 손에 들고 큰대자로 누워 벗은 몸을 슬쩍 이불로 가렸다. 이 세상을 다 가진 만족감과 행복감이 차고 넘쳐 질펀하다. 예술가란 이 맛과 멋을 알기에 헐벗은 한 생을 멋들어지게 살아내는 것이라 믿는다.

"푸른 하늘과 흰 항아리, 틀림없는 한 쌍이다. 똑 닭이 알을 낳듯이 사람의 손에서 쏙 빠진 항아리다."라고 노래한 김환기의 〈달 항아리〉 앞에 선다. 달이 품은 고요가 팽팽하다. 대칭인 듯 이지러지고, 지극히 고요하나 깊은 울림이 있다. 우주를 품은 품이며, 우주를 담은 그릇이다.

창문 앞에는 연적이 나란히 놓여 집 주인의 지적 안목이 전해진다. 창을 통해 들여다보이는 방안 책가도에는 갖가지 책과 조선 시대의 문방사우들이 가득하다. 촘촘하게 그려진 크고 작은 기물은 명암의 조절이 더해지며 그림이 아닌 실제 공간이라는 착각을 불러온다. 소유하지 못하는 욕구를 그림으로 간직했던 간절함조차 풍류로 다가온다.

쉬어 갈 요량으로 앉을 자리를 찾아 돌아볼 즈음, 센스 있는 주인이 차 자리를 마련했다. 은은한 차향이 가득한 찻상과 마주하니 오밀조밀 동자석이 모여 있는 정원으로 눈이 간다. 그 가운데 걸려 있는 그림 한 점 모네의 〈수련이 있는 연못〉이라니! 캄캄한 어둠 속 무엇을 암시함일까 의아한 순간, 후원에 있는 창을 통해 보았던 모네의 〈수련이 있는 연못〉 후원이다. 모네 자신이 심고 가꾼 연못이었기에 눈을 감고도 눈에 보이는 걸까, 눈을 감아도 색이 제자리를 찾는 걸까. 차분하고 고즈넉함에 압도되는 연못의 색조. 도저히 안 보이는 눈으로 그렸다는 사실이 믿기지 않는 색채의 세상에 넋이 나간다. 베토벤은 귀머거리일 때 영혼을 울리는 곡을 쓰고, 모네는 시력을 잃고 영혼을 물들이는 그림을 남겼다. 인간의 한계는 어디까지일까. "빛이 곧

색채다."라고 말한 클로드 모네의 말처럼 밟고 서 있는 바닥에는 빛의 연못이 펼쳐지고, 나는 한 마리 물고기가 되어 연못 한가운데를 유유히 떠 있다.

오늘은 어느 수집가의 집에 초대된 것만으로도 벅차 제2전시실은 다음날 만나기로 한다. 이 공손한 초대의 정갈한 감동을 좀 더 소중히 간직하고 싶은 마음에서다.

수집품들은 저마다 인간이 걸어온 궤적과 경험이 담겨 있다. 그 속에서 지혜를 찾는 일이 우리의 몫이다.

눈이 즐겁고 마음이 따뜻해지는 순간을 선사해 준 어느 수집가에게 훈훈해진 내 마음을 전하고 싶다.

# 동경銅鏡을 동경憧憬하다
잔무늬거울

"산모퉁이를 돌아 논 가 외딴 우물을 홀로 찾아가선 가만히 들여다봅니다…."

 윤동주의 이 시를 처음 알고 난 후, 물에 내 모습을 비춰보는 일이 몹시 신비롭게 생각되었다. 그리고 물을 만나면 나를 비춰보는 습관이 생겼다. 어린 시절 냇가에 빨래를 하러 가면 흐르는 물속에 나를 비춰보고 흔들리는 내 모습을 들여다보곤 했다. 자갈 위로 세차게 흐르는 물은 내 얼굴을 가두지 못하고 빠르게 데리고 흘러갔다. 빨래를 마치고 가장자리 고여 있는 물속을 들여다보고 있노라면 파문 따라 흔들리다 나타나는 내 모습을 마주할 수 있었다. 대야에 세숫물을 받아서도 씻기 전에 한참을 이리저리 비춰보다 대야를 툭 치면 부서졌다 다시 살아나는 내 얼굴이 퍼즐처럼 다시 맞춰지곤 했다. 엄마가 장독대에 간장을 뜨러 가실 때는 따라가서 간장독을 들여다보았다. 햇살에 비쳐 검푸르게 빛나는 간장독은 너무 깊어 무섭기까지 했다. 그

때 간장독은 우물처럼 웅숭깊고 흑백 사진처럼 그윽했다. 요즈음은 그저 맑은 찻잔에 어리는 내 모습만을 응시할 뿐이다. 그 옛날 우물만 한 간장독의 깊이에서 이제는 종지만 한 찻잔으로 나를 들여다보게 된 것이다. 나이가 들어 더 익고 성숙해야 할 지금, 시야의 폭도, 척도의 깊이도 오히려 옹졸하고 답답해지는 건 아닐까 하는 생각이 든다.

"파란 녹이 낀 구리 거울 속에 내 얼굴이 남아있는 것은 어느 왕조의 유물이기에 내게 이다지도 욕될까…"

「참회록」을 대하고 나서부터는 우물 아닌 동경銅鏡을 동경憧憬하게 되었다. 오늘날 반짝이는 거울과는 비교할 수 없는 운치가 매력으로 다가왔다. 전통이 품은 무게감의 끌림만이 아니라 녹빛 신비함과 심연에서부터 우러나오는 깊은 광채는 범종 소리 같은 울림을 전해 주었다. 구리거울에 투시된 모든 물체는 품격조차 달라 뵐 것만 같았다. 이 거울에 반사되고 나면 미움도 사라지고, 잘못도 용서되고, 욕됨 또한 명예로워지기까지 할 것 같았다. 윤동주 시인처럼 나도 감히 그런 성찰의 매개물을 소유하고 싶었다. 그러나 반짝이고 세련된 거울은 살 수 있어도 아직 파란 녹이 낀 구리 거울은 가져 볼 수가 없었다.

유리관 속에 모셔진 잔무늬거울 앞에 섰다. 이끼 빛 푸른 녹이 서려 있는 청동의 작은 원 속에는 두 개의 꼭지가 있을 뿐 아무리 들여다보아도 비춰볼 만한 곳은 없다. 음각과 양각의 오묘한 문양 속에 시간의 더께가 포르스름하게 앉아 있을 뿐이다. 뒤로 돌아가 뒷면을 본다. 전시장의 어두운 조명에도 은은한 광채로 내 모습이 그대로 투영되었다. 단지 모습을 비추는 용도라면 거울의 뒷면이 왜 전시의 앞면일까? 거울의 뒷면에는 왜 고리가 있으며, 수많은 빗금 장식은 무슨 의미를 담고 있는 걸까? 박물관에서 만난 청동 거울은 내게 관심과 궁금증을 키웠다.

국보 제141호 다뉴세문경多鈕細紋鏡!
'잔무늬거울'이라는 아름다운 우리말 이름이 있지만 거울 뒷면에 고리가 두 개 이상 있고, 무늬가 정밀하다는 한자의 뜻을 새겨 쓰다 보니 '다뉴세문경'이라는 이름으로 더 알려져 있다. 무늬가 정교하다는 의미로 '정문경精文鏡'이라 불리기도 하는 이 보물은, 논산 훈련소 근처에서 한 군인에 의해 세상에 빛을 보게 된다. 삽질에 부딪혀 19조각으로 깨져있던 것을 14개월 걸려 보존처리를 했다고 한다. 제작 시기를 기원전 4세기 전후 철기 시대쯤으로 보는 이 거울에는 현미경으로 확대해야 보일 만큼의 놀라운 비밀이 감추어져 있다고 한다. 지름 21cm정도의 크기에 얼마나 정교한 무늬가 새겨져 있기에 확대경을 대고 보아야 한단 말인가? 더구나 거울의 뒷면에 그렇게 공을 들일 이유는 또 무엇이란 말인가? 그런 비밀을 풀기 위해 현대의 과학과 기술력을 총동원했지만 간격 0.3mm의 세밀한 선을 긋는 도면부터 제작방법까지는 여전히 수십 년이 지난 지금도 확실한 재현을 하지 못했고, 연구가 진행 중이라고 한다. 당대의 최고의 청동 기술과 지극한 정성이 담긴 이 거울은 섬세한 디자인과 조형기술과 제작 과정에서 현재까지도 풀지 못한 신비의 거울이다. 지배자의 상징, 제사장의 상징, 태양을 비추는 신의 아들로서 수장의 권위를 나타내는 의미로 거울의 뒷면 고리에 끈으로 묶어 몸에 부착했던 것으로 보인다.

뒷면뿐만 아니라 거울 전면에는 지금도 여전히 그 빛이 살아 있는 또 다른 비밀이 내재되어 있다. 성분을 분석해 본 결과 구리와 주석의 비율이 66 대 33으로 거울을 만드는 황금비율과 정확히 일치한다고 한다. 이런 비율은 지금까지 출토된 거울 가운데 유일한 것으로 오늘날 거울과 견주어도 반사도와 선명함이 크게 차이가 나지 않을 정도라고 한다.

이만하면 가히 세계 최고 나노 기술이며, 세공기술의 정수로 꼽을 만한 가치가 있고도 남는다. 머리카락 너비의 10만분의 1수준이라는 나노 로봇 시대인 현대 과학으로도 풀지 못한 21센티 청동거울이 수천 년의 세월과 빛을 머금고 우리 앞에 있다.

수만 번을 문질러야 비춰볼 수 있는 구리거울!
내 허울을 비춰 볼 구리거울을 동경하기보다는 내 안의 거울을 꺼내 문지르자. 광이 날 때까지.

# 녹우당

귀로 듣는 소리보다 더 아름다운 소리는 눈으로 듣는 소리다.
코로 맡는 향기보다 더 오래 즐기는 향기는 눈으로 즐기는 향기다.
나는 오월의 녹음 색을 좋아한다. 녹음 가운데에서도 비가 그친 후 채 마르지 않은 풀잎이 불어오는 바람에 몸을 뒤채일 때, 오묘하게 일렁이는 녹색 파노라마를 좋아한다. 깨끗이 씻긴 맑은 표면은 갓 구워낸 도자기처럼 투명하고, 젖은 몸에 물기를 걷어내고 뿜어내는 피톤치드는 눈으로 먼저 맡는 녹음의 향기다. 검고 굳은 씨앗에서 생명이 시작되는 빛이요, 생기와 젊음을 상징하며, 평화와 휴식으로 끌어주는 빛이다. 환경 친화적 예술의 가능성을 모색하는 빛이며 생태의 미학을 대표하는 빛이다.

녹우! 그 이름만으로도 초록 비 쏟아지는 숲의 싱그러움 속으로 풍덩 빠져든다.

봄볕 가득한 날, 길게 펼쳐진 청보리밭에서 바람 앞에 일제히 고개를 숙이는, 살아 꿈틀대는 녹색의 향연. 굴곡을 따라 승천하는 용의 모습을 닮은 녹차밭 초록의 향기. 바람이 몰아칠 때마다 파도치는 대나무 숲속의 녹음 소리. 녹색 보자기를 펼쳐놓은 장엄한 연잎 세상. 모두가 자연이 빚은 평화의 세상이다.

 그 가운데에서도 땅끝 마을 해남의 녹우당. 백련지를 앞에 두고 빛바랜 고택의 기와지붕 능선을 따라 펼쳐진 녹우당의 깊은 향기는 생각만으로도 싱그럽고 소쇄하다. 내가 간 날은 때맞추어 비가 내리는 날이었다. 하늘을 바치고 600년 세월을 당당히 서 있는 은행나무 자태가 빗속에 의연하다. 해남 윤씨 시조 윤효정이 아들 진사시 합격을 기념하기 위해 심은 이후, 한자리에서 600년을 버티어 낸 보호수라는 이름표를 대하고 보니 빗물에 씻긴 은행나무 앞에 숙연해진다. 나는 오래된 나무 앞에 서면 늘 묘한 경외심을 느끼고는 한다. 아기의 작은 손바닥 같은 은행잎이 겹치고 겹쳐 광활한 하늘을 덮었다. 푸르른 은행잎 사이로 내리는 비가 모이면 그대로 초록빛 바닷물이 될 것만 같다. 한줄기 바람이 훑고 지나자 초록의 은행잎이 초록 비가 되어 내린다. 바닥에 점점이 떨어진 은행잎이 이곳 가문의 변치 않는 기개와 절개의 선비 정신처럼 반짝인다. 가을이면 낙엽 되어 우수수 떨어지는 소리 또한 비 내리는 소리로 들리리라. 산처럼 든든한 나무에 기대어 나무에게서 전해지는 시간 속의 울림과 뿌리에 대해 생각해 본다. 거목의 초록 잎을 스치며 내리는 빗소리가 선비의 글 읽는 소리인 양 줄기차다. 솟을대문을 들어서자 정갈한 ㅁ자 고택이 내리는 빗속에 고색창연하다. 수직으로 곧게 내리는 빗줄기마저 이곳에서는 명문가의 꼿꼿한 기품으로 느껴진다.

남도 학문과 문화 예술의 산실. 600년을 이어온 해남 윤씨의 가학. 15세기 초에 어초은 윤효정이 자리 잡고 현재 종손이 생활하고 있는 명문 사대부. 가지고 있는 부를 개인의 영달을 위해 쓰지 않고 세 번씩이나 어려운 백성의 세금을 내어줄 만큼 실천적 애민사상을 실천한 가문으로 삼개옥문 적선지가三開獄門 積善之家라는 호를 얻은 집안이란다. 유럽의 귀족 가훈인 '노블리스 오블리제'를 뛰어넘는 뿌리 깊은 '부자의 도덕적 의무'에 절로 머리가 숙여진다. 자연을 소재로 한 「오우가」, 「어부사시사」 등 시조 75수를 남긴 시조의 최고봉이며, '국문학의 비조'라 불리는 고산 윤선도의 종가. 효종의 스승으로서 임금으로부터 하사받은 수원의 집을 낙향하며 이곳으로 옮겨온 사랑채가 녹우당이다. 대쪽 같은 성품으로 20여 년 동안 당쟁에 휘말려 유배생활을 했던 그가 82세에 자리 잡은 곳이다.

동국진체를 창안한 이서의 편액 녹우당綠雨堂이 마치 신록의 빗물을 찍어 쓴 것처럼 푸른 물이 흘러내릴 듯 유려하다.

녹우당 뒤편 숲길을 따라 걷는다. 기와를 얹은 돌담은 언제 보아도 푸근하고 따스하다. 잘 생긴 소나무 숲이 먼저 나온다. 소나무 아래 서면 여기에서도 푸른 빗소리가 들린다. 솔잎 사이로 쇄 쇄 하고 들려오는 녹우. 조금 걷자니 비자나무 숲에 이른다. 주변의 산도 초목도 녹색 바다. 그 녹색 바다 가운데 더 짙고 푸른 600년을 버티어낸 비자나무 숲이다. 숲속 땅을 덮고 있는 마삭줄, 고사리와 온갖 풀과 바위의 이끼까지 저마다 각기 다른 녹색의 파노라마 원시림이다.

천연기념물 제241호인 이 울창한 숲은 '뒷산의 바위가 보이면 마을이 가난해진다'는 윤효정의 유훈에 따라 종가에서 인위적으로 조성한 숲이라고 한다.

바람이 분다. 땅끝 마을 해남에 바람이 분다. 아니 녹우당 비자나무 숲으로 바람이 모인다. 숲은 바람을 품어 녹우로 내린다. 바람을 맞이한 숲이 출렁출렁 여울지며 내는 소리가 커졌다 잦아진다. 새소리와 함께 때로는 거세게, 때로는 고요하게 일렁인다. 이곳에 오면 하늘도 녹색이다.

녹우당 같은 거목이 곳곳에 있으면 좋겠다. 뿌리 깊은 거목은 그늘 또한 넓다.

적선과 나눔, 전통과 문화의 초록비가 흥건히 내려 온 땅이 녹우에 흠뻑 젖기를 소망하며 솟을대문을 나와 늙은 은행나무를 우러른다.

# 배롱나무 옆 눈썹지붕

돈암서원

    얼굴에서 눈의 지붕은 눈썹이다. 눈썹에 따라 그 사람의 능력이나 성격, 나아가 운명이나 관상을 점치기도 한다. 더욱이 요즘은 마스크로 다 가리고 눈과 눈썹으로 인사도 하고, 표정도 알아차리게 된다. 반색하는 반가움도, 데면데면 덤덤함도, 시큰둥한 건방도, 예의바른 인품도 눈과 눈썹만으로 다 전해진다. 지나고 보면 눈썹 숱이 많은 사람은 적극적이고 저돌적인 성향이고, 가느다란 눈썹은 상냥하고 섬세한 편이다. 눈썹이 아래로 처진 이는 동정심이 많은 반면 위로 올라간 이는 결단력과 판단력이 빠른 것 같다. 아름다운 여인을 상징할 때 초승달 같은 눈썹을 표현하는 것은 결국 항상 웃음 짓는 표정을 이름인 것 같다.

    눈썹은 땀이나 빗물이 눈으로 흘러 들어가는 것을 막아주고, 먼지나 이물질이 들어가지 못하도록 지켜준다. 날파리나 벌레 등으로부터 섬세한 감각으로 눈을 보호하며 얼굴의 균형을 잡아주는 역할을 하면서 희로애락의 감정을 그대로 나타냄으로써 의사소통을 도와주기도 한다.

건물에서 얼굴은 지붕이다. 지붕의 얼굴에 덧댄 지붕이 눈썹지붕이다. 그렇다고 벽이나 지붕 끝에 내달은 별 쓸모없는 자투리 공간쯤으로 생각해서는 큰 오산이다. 내가 만난 돈암서원遯巖書院 응도당凝道堂의 눈썹지붕은 기능과 운치에서 그 가치와 미적 감각에서 가히 백미다.

하마비 앞에서 옷매무새를 가다듬는다. 말에서 내리는 대신 운동화 끈이라도 정리하고 마음가짐을 바로 잡는다. 우뚝 솟은 좌앙루坐仰樓에 올라 앞을 보니 사방의 경치가 한눈에 들어오고, 뒤를 돌아보니 계룡산의 신령스런 기운이 바람을 타고 불어온다. 세 개의 지붕이 솟아 있는 입덕문을 지나 탁 트인 평지에 응도당을 중심으로 열 채도 넘는 예스러운 한옥이 소나무 뒷산을 병풍으로 둘러 놓고 여유롭게 배치되어 있다. 주변을 둘러볼 틈도 없이 배롱나무의 우아한 자태가 잿빛 기와 얹은 돌담을 배경으로 눈길을 사로잡는다. 커다란 합죽선을 펼쳐 놓은 듯 늘어뜨린 가지에 점점이 피어있는 붉디붉은 꽃잎 사이로 응도당의 풍채는 더욱 늠름하다.

이곳은 2019년 유네스코 세계문화유산에 '한국의 서원'으로 등재된 9곳 중 하나로, 예학의 대가 사계 김장생 선생의 학문적 업적을 계승하는 한국의 성리학 교육기관 돈암서원이다. 인조 12년에 김장생을 중심으로 김집, 송준길, 송시열의 위패를 모시고 있으며, 흥선대원군의 서원철폐령이 내려졌을 때에도 없어지지 않은 전국 47개 서원 중 하나이다. 김장생 선생의 후예로서 우쭐한 마음과 함께 풀어진 단추를 마저 채우고 안으로 들어선다.

응도당은 학문을 갈고 닦던 강당으로 조선 중기 이후 서원 가운데 가장 큰 규모로 보물 1569호로 지정되었다. 웅장한 건물이 공중에 떠 있는 듯 독특한 구조와 눈썹지붕의 절묘한 조화 등 옛 양식을 잘 따른 건물로 오늘날 건축 연구의 귀중한 자료가 될 만큼 빼어난 내·외관을 갖추고 있다. 현종 원년에 왕이 '돈암'이라는 현판을 내려 주어 사액서원이 되었으며, 도가 머문다는 의미의 '응도당'과 건물 안쪽 마루 위에 걸린 '돈암서원' 편액은 송시열 선생이 쓰신 만큼 붉은 바탕에 흰색 글씨로 그 활기찬 필력에 압도된다.

아름드리 둥근 기둥이 잘 다듬어진 화강석 위에 세워지고, 우람한 대들보는 승천하는 용의 꿈틀거림이 느껴진다. 반지르르하게 윤기 흐르는 마룻바닥을 손으로 쓸어본다. 시원한 결기가 선비의 위엄과 기개로 다가온다. 탁 트인 대청 너머 아담한 담장과 뒷동산 녹음이 그림 걸린 듯 아름답다. 마루에 오르니 주변의 전경과 소슬한 바람을 맞으며 스승과 문답을 주고받는 유생들의 모습이 그려진다. 대청 양쪽으로는 마루방이 있는데 사계 김장생의 의례와 주자대전을 고증하여 죽림서원의 법도에 따라 지은 구조라고 한다. 천장에는 서까래가 피아노 음반처럼 펼쳐 있고, 처마 아래에는 귀면 문양, 닭 머리 모양 등의 조각이 해학과 장식을 겸해서 소박하지만 화려하고, 엄숙하면서 웅장하다.

  앞면 5칸 옆면 3칸으로 옆에서 보면 지붕 선이 사람 인人 자 모양을 닮은 맞배지붕이다. 그 지붕마루 옆면에는 비바람을 막아주는 풍판을 만들고 그 아래 처마를 덧대어 그 이름도 예쁜 눈썹지붕이다. 붉게 물드는 노을을 배경으로 수줍은 듯 아미를 숙인 조선 여인의 단아함이 느껴진다. 양쪽으로 날개 돋친 듯 설치된 눈썹처마는 건물에 들이치는 눈과 비를 막아주고, 무엇보다 건물의 지주인 나무 기둥이 젖지 않도록 지켜 준다. 여름이면 뜨거운 직사광선 앞에 양산이 되어 준다. 눈썹지붕 아래에는 세로기둥과 경사로 기둥을 세워 안정감과 조화미까지 갖추고 있다. 보고 또 봐도 격조 높고 풍치 그윽하다.


  넘어가는 저녁 햇살이 눈썹 지붕 위에 걸리었다.
  나오는 길에 뒤돌아 쳐다보니 눈썹지붕이 한쪽 눈을 찡끗한다.

# 탁족과 족욕

　시나브로 스며든 가을볕이 행궁에 가득하다. 시월이라는 단어만으로 햇살의 온도도, 바람결의 촉감도 사뭇 다르다. 마치 깃발 꽂힌 경계선을 넘어온 듯, 시월의 첫날은 오래된 구월을 넘어서 새로운 계절의 시원처럼 신선하다. 탁 트인 초정 행궁에서 톡 쏘는 초정약수의 기운이 함께 불어오니 그 소쇄함이 배가 된다. 하늘은 하루가 다르게 기기묘묘한 구름 빛을 그려내고 있다. 어느 날은 티끌 한 점 없는 한 필 쪽빛으로 펼쳐지고, 어느 날은 수천의 용 비늘을 수놓더니, 오늘은 누군가 댑싸리비로 하늘을 쓸어 놓은 듯 떠있는 흰 구름마다 빗질 자국 선명하다. 마당비로 깨끗하게 쓸어서 닦아 놓았을 세종대왕 어가 행차 길이 연상된다.

　계단 위에 자리 잡은 '초정원탕행각'에서 내려다보니 푸른 잔디와 행궁 잿빛 기와의 조화가 한눈에 들어온다. 나직이 나앉은 앞산과 너른 들판은 가을의 햇살을 고스란히 받아 넉넉한 품이다. 여러 명이 나란히 마주보고 앉는 구조가 친근하다. 샘솟듯 솟구치며 거품을 만들어 내는 족욕탕이 바라보는 것만으로도 답답한 마음의 물갈이가 된다. 가만히 발을 담그니 서늘한 기운이 일갈하듯 온몸에 쫙 퍼진다. 수많은 물방울이 부드럽게 어루만지다 톡톡 터지며 간지럽히듯 부드러운 물의 지압이 시작된다. 차갑고 시원한 기운, 그 이상의 예리한 물의 감촉은 분명 탄산의 힘이리라. 눈을 들어 산천초목을 바라보며 즐기는 족욕이라니, 아니 이곳에서는 분명 족욕, 그 이상의 경지가 있다. 600년 이상 마르지 않고 샘솟는 천연암반수로 미국 샤스터 광천, 독일 나포리나스 광천과 함께 세계3대 광천수요, 고탄산에 미네랄이 풍부한 동양의 신비한 물이다. 더구나 세종대왕께서 1444년 두 차례를 60여 일씩 머물며 소갈증과 안질 등을 치료한 물이라 하니 신비함이 배가 된다. 세종은 머무는 동안 훈민정음 마무리, 불합리한 세금제도 개편, 청주향교에 책 하사를 했으며 '초정의 물은 세상의 보배'라고 극찬했다 한다.『신증동국여지승람』에는 '초정약수는 청주의 동쪽 39리에 있으며 그 맛이 후추와 같다. 이 물에 목욕하면 몸의 병이 낫는다. 세종과 세조가 이곳을 다녀가신 적이 있다'고 씌어 있고, 신숙주는 '뿌리가 깊고 근원이 멀다' 하여 가뭄이 들어도 마르지 않는다고 노래했다.

초정약수는 지하 100m 석회암층에서 솟아나며 톡 쏘는 맛으로 미네랄, 탄산, 칼슘, 라듐 등 함량이 높다고 한다. 이 물로 밥을 지으면 밥이 푸른빛을 띠며 유난히 차지고 맛도 좋다. 또 탄산수로 채워진 목욕탕에 몸을 담그면 특유의 청량감이 온몸을 자극한다. 몇 분이 지나 온몸에 탄산 기포가 가득 달라붙었다가 떨어지면 간지러우면서도 시원한 자극이 느껴진다. 민간에서도 예부터 7, 8월 한여름에 약효가 제일 좋다고 해 복날과 백중날에 많은 사람들이 이곳을 찾아 목욕을 하며 더위를 식혔다.

족욕보다 운치 있는 경지는 탁족이다.

예로부터 탁족은 선비들의 피서법으로 세족, 족욕과는 다른 느낌이다. 발을 물에 담그고 씻는다는 의미지만 세족이나 족욕은 집안에서 대야에 발 담그고 냉한 몸의 온도를 높여 건강을 다스리는 수단이지만, 탁족은 물리적 치유와 더불어 자연을 만끽하는 풍류와 운치가 더해지는 것이다. 발을 담그는 데도 멋과 맛이 있음이다.

굴원의 「어부사漁父辭」에 '세상이 깨끗하면 갓끈을 빨면서 세상에 나아갈 준비를 하고, 세상이 어지러우면 은둔하여 발이나 씻으면서 시기를 기다려라' 하여 탁영탁족濯纓濯足을 말하고 있다. 『맹자』에서 물의 맑음과 흐림을 살피듯 벼슬에 나가고 물러날 때를 알아야한다는 처신의 신중함을 경고하고 있다. 또한 진나라 좌사는 '천길 벼랑에 옷을 걸고 만리로 흐르는 물에 발을 씻는다振衣千崗 濯足 萬里流' 하여 탁족을 말하고 있다. 언젠가 본 풍속도 〈탁족도〉는 내게 '탁족은 유유자적'이라는 정의로 자리 잡고 있다. 가슴을 풀어헤친 한 남자가 나무 그늘 아래 바위에 걸터앉아 흐르는 물에 발을 담그고 있는 호방함은 세상 부러울 게 없는 자유분방함이다. 게다가 옆에는 찻주전자인지 술주전자인지 대령하고 다동까지 있으니 금상첨화다. 체통과 격식이 우선이던 시대의 규범에서 홀연히 벗어나는 감성적 해방의 즐거움이 탁족에는 있다. 더욱이 탁족회濯足會라는 것도 있어 봄이나 가을에는 천렵을 하고 복날과 같은 무더운 여름날에는 더위를 쫓는 피서법으로 글 짓고 담소하는 일종의 수양을 겸하는 모임이니 그 격과 멋이 짐작된다.

초정에는 영천의 발원지라는 상탕과 두레박으로 물을 길어 올렸다는 원탕, 목욕을 하는 노천탕 등 3개의 우물이 있어 '탕마당'이라고 했다 한다. 지금은 행궁 방화 이후 두 곳이 소실되고, 남아 있는 탄산수 우물 한 곳을 상탕으로 추정하여 복원하여 족욕체험장 가운데 '초정영천椒井靈泉'을 재현해 놓았다. 음용할 수 있는 시설과 노천탕 있던 자리에 물 떨어지는 물소리가 정겨운 돌확이 놓여 있다.

초정 족욕탕에 발을 담그고 더위는 쫓고 체통은 지키며, 관수세심觀水洗心, 유유자적悠悠自適하는 탁족의 경지를 넘본다.

# 얼레빗

 참빗질한 머릿결처럼 보드랍던 햇살이 성큼성큼 다가온 초여름 열기로 후끈하다.
 담쟁이 넝쿨이 온 벽면을 더듬어 오르고 있는 초록 이파리 사이에 '얼레빗'이라고 쓴 나무 간판 집으로 들어선다.
 이곳은 공주 집안에서는 7대째, 개인 공방으로는 4대째 280여 년 우리의 얼레빗을 만들고 있는 얼레빗 장인 목소장木梳匠의 전시장이다. 내가 전주에 올 때마다 들르는 곳으로 작업 공간은 고향인 공주에 있다고 한다. 장인의 손길에서 빚어진 얼레빗을 들여다보면서 산란한 마음을 가지런히 빗질하곤 한다.

 얼레빗, 그 이름만으로도 빡빡한 세상살이에 숨통이 트일 것 같은 넉넉하고 편안한 소통의 간격이다. 어머니는 예전에 비녀를 꽂으려면 살이 굵은 얼기빗으로 애벌 빗기를 하셨다. 그리고는 동백기름을 한 방울 손바닥에 비벼서 머리에 바르고 참빗으로 반반하게 다듬어 쪽을 찌고 비녀를 꽂으셨다. 단아한 어머니의 머리는 칠흑처럼 검고 유리처럼 빛나서 성스럽기까지 했다. 파마가 유행하기 시작해서 동네 어머니들이 대부분 짧게 자르고 고불고불 머리를 볶았지만, 어머니는 평생 당신 손길로 비녀를 꽂으셨다. 그런 어머니를 닮아 나 또한 파마 한번 하지 않은 단발머리를 고수하고 있다. 그래서인지 나는 머리빗에 대한 애착이 많다. 적당한 굵기의 빗살 사이로 찰랑찰랑 흘러내려 한 올 한 올 살아나는 상큼한 감촉은 생머리 소유자가 누리는 은근한 희열이다.

  대추나무 얼레빗으로 머리를 빗어 본다. 모근을 긁어 내리는 플라스틱의 자극적인 느낌과는 확연히 다르다. 정전기가 일지 않고, 부드러운 자극으로 두피를 지압해 주며, 빗살 사이로 미끄러지는 머리카락은 물 흐르듯 남실거린다. 포도 문양이 새겨진 반달 모양의 매끈한 손잡이가 손 안에 쏙 안기듯 들어온다. 붉은 대춧빛을 닮은 나뭇결이 옅고 짙은 농담을 드러내며 그대로 살아 있다. 그 위에 덧칠한 옻칠은 보석 같은 빛을 발하고 있다. 장인의 빗은 도구 이상의 애장품이자 지킴이 역할까지도 한다.

  빗을 만드는 소재는 독성 없는 가시 있는 나무나, 식용 과일이 열리는 나무를 쓴다. 내륙 지방에서는 대추나무, 해남 지역에서는 유자나무, 제주에서는 해송을 주로 쓰는데, 이곳 장인은 주로 대추나무를 쓴다고 한다. 특히 해송으로 만든 빗은 질병과 귀신을 쫓는다는 믿음이 있어 부적처럼 몸에 지니기를 즐겼다고 한다.

  이 작은 얼레빗이 만들어지기까지 까다로운 과정이 이어진다. 목재가 정해지면 변형을 줄일 수 있도록 종으로 세워서 말린다. 대패질로 손잡이 쪽과 빗살 부분의 두께를 다르게 손질하고 원하는 형태의 본을 그린 후 빗살을 켠다. 이때 쓰는 살잽이 톱은 빗과 톱날의 각도를 45도로, 빗살은 직선을 유지한다. 살잽이 톱은 얼레빗을 만들 때만 쓰는 특별한 것으로 서로 높이가 다른 두 개의 톱날이 같이 붙어있어 빗살의 간격을 일정하게 하는 역할을 한다. 그 다음 살밀이 틀에 빗을 고정시키고 줄질을 거듭하여 빗살을 세밀하게 다듬는다. 빗살이 완성되면 곱창 톱으로 빗의 외형을 오려내고 옻칠이나 기름을 먹여 완성하거나 조각, 화각, 상감 등 장식을 새겨 넣기도 한다.

  특히 화각장식에서는 접착제로 부래 풀을 이용하고 고운 사포질로 다듬어서 간장을 사용하여 표면 광택을 낸다는 것을 알고 놀라움을 금할 수 없다. 마지막 단계에서 주칠이나 흑칠, 식물성 기름을 먹이는 일을 서너 번 반복하여 자연 건조시켜야 비로소 완성된 빗을 만날 수 있다.

  얼레빗의 종류도 참 많다. 가장 흔히 보는 반달 모양 반월소半月梳, 반은 성글고 반은 촘촘한 빗은 음양소陰陽梳, 오징어 모양으로 옛날에는 소뿔로 만들었다는 상투 빗, 한쪽을 뾰족하게 만든 가르마 빗, 귀밑머리를 정리할 때 쓰는 면 빗 등이 각자의 역할대로 모양도 다양하다. 옛날 풍잠과 상투를 잘 붙여주는 상투빗과, 관자놀이와 귀 사이 머리털을 망건 속으로 밀어 넣는 살쩍밀이는 이름도 생소하고, 이제는 유물로서만 자리를 지키고 있다.

  목소장이 만든 얼레빗에는 만든 이의 숨결이 빗살이 된다. 나무를 고르는 일에서부터 말리고, 다듬고, 새기고, 옻칠하는 수많은 손길이 햇살처럼 스며들어 있다. 빗살을 톱질할 때는 내 살을 에는 일만큼이나 신중하게, 정화수 바치는 정성으로 빗살 하나하나를 다듬는다 하였다. 쟁이로서의 숙명을 곱게 빗질하며 살아 온 세월이다. 얼레빗 하나로 조상 대대로 280년을 지켜온 가문의 정신을 누가 감히 얼마의 값어치로 매길 수 있으랴?

  얼레빗의 빗살처럼 꼿꼿한 이 땅의 장인들은 고달프고 성근 삶을 살아가면서, 문화의 결을 고르기 위해 오늘도 부단한 참빗질을 하고 있다.

# 어처구니 있는 세상

귀는 큼직하고 눈을 치켜떠서 눈꼬리는 올라가고 양팔을 허벅지에 떡 올려서 악귀를 쫓는 모습이 당당하다. 이놈 하고 호령하는 자세는 무사인데 가만 보니 입꼬리를 살짝 올리고 겁만 주는 모양새다. 잡상의 군단을 이끄는 앞잡이 대당사부가 갑옷으로 무장하고 늠름하게 버티고 서 있는 뒤로 모자를 쓴 손행자, 뒤를 돌아보고 있는 저팔계, 몸에 점이 찍힌 사화상, 관 같은 것을 쓰고 머리 숙인 이귀박, 뿔이 두 개 솟구쳐 있는 이구룡, 돋아난 갈기로 구분되는 마화상, 기도하는 삼살보살, 뿔난 머리를 쳐든 천산갑, 맨 뒤를 따르는 나토두, 이름도 어렵고 막연하기만 하던 이미지를 또렷하게 확인한다. 맨 앞의 대장부터 무섭다기보다는 익살스럽고, 괴기스럽다기보다는 우스꽝스럽다. 『서유기』에 등장하는 여러 상들이 잡귀를 물리치고 살을 막기에 최적화된 이미지였나 보다.

도자기를 하는 아들이 한 공모전에 '어처구니 있는 세상'을 제목으로 출품작을 제작하는 중이다. 건물 위의 장식 정도로만 알고 있던 어처구니에 대해 이번 아들의 작업과정을 지켜보며 많이 알게 되었다. 형태와 모양이 정해져 있지 않고 놓이는 위치도 정해진 게 아니다보니 잡상의 이미지를 구체화하기까지 문헌을 참고한 자료 수집을 거쳐, 잡상이 가장 많은 경복궁 경회루의 11개를 모티브로 정하고 작업에 들어간 지 여러 날이다. 일정한 틀로 찍어내지 않고 하나하나 흙을 주물러 1차 성형을 해놓고, 마르는 정도를 살펴서 깎고 파내는 2차 성형을 한다. 하나하나 특징과 이미지를 정교하게 살려 내야 하는 일이라 세심한 집중력을 기울여서 완성된 잡상들이다. 어처구니는 예로부터 궁궐이나 왕릉의 정자각, 도성의 성문 등 지붕에 올려 화마와 나쁜 기운을 쫓는 벽사의 의미를 담고 있다. 궁전이나 전각의 지붕에 풍수지리를 고려하여 홀수인 5, 7, 9, 11개로 인물상이나 동물상을 얹는 장식기와이다. 추녀마루 높은 곳의 어처구니를 생활 속으로 좀 더 가까이 끌어들여서 액을 막아주고 악을 쫓아주는 상징물로서의 시도다. 어처구니 문진(서진)을 만들어 일상에서 책을 보거나 글씨를 쓸 때 사용함으로써 '어처구니없는' 현 상황을 위안하며 벗어나고자 하는 기원의 상징물이다.

전 국민을 공황상태에 빠뜨린 세월호 사건의 충격은 우리를 오랫동안 악몽에 시달리게 하고 있다. 황당하기 짝이 없는 이런 사건이 다시는 일어나지 않기를 바라는 염원이 작업의 의도라고 한다. 시대의 문제를 풀어나가는 방법이 대견하면서도 기성세대로 죄스러운 마음이 구겨진 종이처럼 똘똘 뭉쳐서 이리저리 굴러 다녔다.

　경복궁 근정전 앞에 섰다. 맑고 푸르게 펼쳐진 하늘로 치켜든 처마 선이 날아오를 듯 우아하다. 햇살에 환하게 드러난 화강석 월대는 마치 물살 잔잔한 호수 같다. 그 위로 연꽃 한 송이 위에 또 한 송이가 피어오른 듯, 근정전 이층 기와지붕이 그림처럼 펼쳐진다. 맨 꼭대기 용마루 아래로 용두 형상이 커다란 입을 벌려 위엄을 드러내고, 추녀마루에 7개의 잡상이 나란히 앉아 있다. 그저 먼발치에서 장식물 정도로만 무심하게 볼 때와는 다르게 잡상의 모습이 100배 줌으로 눈앞에 당겨 들어온다. 맨 앞에 대당사부가 군단을 거느리고, 뒤이어 손행자, 저팔계, 이귀박, 이구룡, 마화상, 천산갑이 배치되어 있다. 구체적인 생김을 알고 바라보니 멀리 형태만으로도 위엄 있는 척 익살스럽고 친근한 인상까지 눈에 들어온다. 잠깐 어처구니를 지우고 지붕을 연상해본다. 벽사의 의미를 떠나서도 지붕의 멋도 품위도 매력도 섭섭하다. 저 작은 체구들이 500년 세월 화마와 사악한 기운으로부터 궁궐을 지키며 왕실의 안위를 수호해 왔다고 생각하니 푸른 하늘을 우러러 줄지어 있는 모습이 호위무사로 느껴진다. 잡상은 취두, 치미, 용두 등과 함께 왕궁의 상징이자 경복궁을 지켜온 파수꾼이다. 그저 밋밋했을 지붕 선에 활기를 불어넣고 추녀의 멋을 한껏 드높여 한국 건축의 또 다른 매력을 자아내고 있다.

'어처구니없는 일'은 발붙일 곳이 없기를 기도하며 잡상들을 줄지어 세워본다.

제3부

# 새 떼를 따라가다

새 떼가 날아간 하늘가,
따스한 온기로 말없음표 찍혀 있다.

# 새 떼를 따라가다

마스크 벗은 날

뭔가 허전하다. 가다 서서 가방을 열어 보고 두고 온 그 무엇을 더듬어도 잡히지 않는다. 크게 숨을 들이 마시자 뻥 뚫리는 가슴이 활짝 열린다. 아, 마스크였구나. 이게 얼마 만의 구속받지 않는 호흡인가. 마스크의 그물망에 걸려 주춤대다 간신히 폐부를 찾아들던 공기가 곧장 빨려 들어가자 가슴의 문이 활짝 열린다. 들이마시고 내뿜을 수 있는 자유조차 접어둔 지 3년이다. 긴 구속은 멍에가 되어 습관이라는 옷이 되었다. 입과 코에 입혀야 할 또 하나의 옷이 되었다. 챙겨야 할 옷 하나를 입다 말고 나온 허전함과 어색함이 홀가분한 만끽을 지그시 붙들고 있다.

가을 하늘은 뛰어보라는 듯 높이 들렸다. 높이 날아야 멀리 본다는 말은 항상 진리일까. 하늘을 우러러 생각하다 직진하는 출근길을 우회전한다. 공항 쪽에서 날아오던 새 한 떼가 나선형 선회를 하다가 날아가는 쪽이다. 오늘은 30분 일찍 나왔으니 30분은 새가 가는 쪽을 따라 가보자. 어젯밤 꿈자리 따라 복권 사보는 심사인지 모르겠다. 사자 모양으로 나르던 새들이 잔디밭을 지나자 두 편으로 나뉜다. 한 편은 동으로 날고, 다른 편은 반대쪽으로 날아간다. 어떤 교신을 주고받은 걸까. 어떤 내막이 있어 서로 간 목례만으로 갈라서는 것일까. 새 떼를 따르던 내가 양단간 결정 앞에 난감해졌다. 멀리 끝까지 올려다보다가 프로스트의「가보지 않은 길」을 떠올린다.

> 노란 숲 속에 길이 두 갈래로 났었습니다.
> 나는 두 길을 다 가지 못하는 것을 안타깝게 생각하면서,
> 오랫동안 서서 한 길이 굽어 꺾여 내려간 데까지,
> 바라다볼 수 있는 데까지 멀리 바라다보았습니다.
> 그리고, 똑같이 아름다운 다른 길을 택했습니다.(…중략)

나는 보다 적은 새가 날아간 쪽을 택한다. 걸음이 향한 곳엔 넓은 잔디밭이 펼쳐지고, 푸른 초원 위에는 피라미드 모양의 나무집 네 채가 나란히 세워져 있다. 미술관 구조물 정도로만 지나가며 바라보다 오늘은 집안을 들여다볼 참이다. 삼각형 지붕의 투명한 앞면을 번쩍 들어 올려 괴어 놓으니 벽은 창이 되고, 문이 되고, 처마가 되었다. 쪽마루로 꾸며진 내부는 아침 햇살이 오롯이 들어와 고물고물 모여 있다. 벽면에는 풍경을 담은 액자가 걸려 있고, 한 옆에는 앉은뱅이 서랍 책상 위에 '서랍을 열고 엽서를 한 장씩 가져가세요'라고 씌어 있

다. 살그머니 열어보니 MMCA 청주 프로젝트 2022 '도시공명' '귀를 기울일 만한 가치가 있는 것들'이라는 팸플릿과 엽서가 들어 있다. 국립현대미술관에서 열고 있는 야외 전시 연장 공간이다. 벽면에 있는 스피커에서 사진 속 전경이 소리가 되어 흘러나온다. 지척에서 만나는 새로운 시도가 생경하고 신선하다. 이 집은 강원도 평창 생태환경의 소리를 들을 수 있는 공간이다. 쪽마루에 걸터앉으니 아침햇살을 머금어 군불 땐 아랫목이다. 온돌방처럼 따끈따끈하다. 잘 정돈된 잔디밭 위로는 고추잠자리가 유유히 유영하고, 추분이 지나자 한결 수굿해진 햇살이 다정다감하다. 스피커에서는 뻐꾸기 소리가 울려 퍼진다. 강원도 산자락의 이른 새벽, 저물어가며 펼쳐지는 석양과 어두운 밤, 폭우가 쏟아지는 평지와 짙은 안개로 가득한 산간의 미세한 소리가 그 뒤를 따라 이어진다. 문득 오래전 다녀온 평창의 한 농가 툇마루에 걸터앉은 편안함이 느껴진다.

몇 발자국 옮겨 왔는데 비행기에서 내리는 기분이다. 옆집은 뉴질랜드다.

뉴질랜드 남섬의 다양한 지층을 탐사하며 여러 암석지형 암석을 두들겨 돌의 경도를 녹음한 소리다. 현장의 어쿠스틱 사운드와 만들어진 소리의 중첩으로 둔탁한 탁본 소리 사이로 부드러운 바람, 상냥한 새소리가 삽입되어 입체감이 있다.

다음 집은 호주 시드니 블루마운틴이다. 자연 생태계가 잘 보존되어 있는 자연폭포에 자생하는 지의류, 블루 마운틴 산림 등에서 채집된 다양한 종의 유칼리나무 열매들이 있다. 자연화재로 발생된 숯, 사암층에서 형성되고 있는 퇴적된 암석들, 건조한 호주에 자생하는 식물들의 소리라고 생각하니 미세한 울림조차 건조하게 들린다. 새소리조차 부드럽고 촉촉한 음색이 아니라 거칠고 때로 과격하고 공격적으로 들린다.

맨 마지막 집을 들여다본다. 나를 이곳으로 불러놓고 잘 찾아왔다고 신호를 보내는 듯 새들의 깃털이 문 앞에 흩어져 있다. 새들은 간 곳 없고 지저귀는 새소리만 방안 가득 환영한다. 이곳은 전라남도 뒷산의 기억을 더듬어 산에서 우는 새의 소리가 다 모였다. 딱따구리가 망치 소리를 내자 뻐꾸기, 딱새, 박새, 소쩍새 소리가 화음을 넣으며 합창을 한다. 빛바랜 나뭇잎, 오랜 시간 산기슭에서 마을까지 흘러 내려온 거칠어진 돌, 들판의 이름 모를 수많은 잡초들, 개울과 폭포수의 시원한 물줄기가 고향의 향수를 새소리로 기록하고 있다. 새 둥지에 안긴 듯 포근하다.

새 떼가 날아간 쪽을 올려다본다. 나는 어디로 날아가고 있는 걸까. 무심코 '나'자를 한 획으로 흘려 쓰니 한 마리 새가 된다. 나, 나, 나가 모이니 결국 새 떼가 되어 창공을 차고 오른다. 저마다 '나'였던 새들은 새 떼가 되는 순간 '나'를 버리고 '우리'라는 하나가 되어 날아오른다. 낮게 비스듬히. 높아야 멀리 보이는 건 아니라고.

새 떼가 날아간 하늘에 따스한 온기로 말없음표 찍혀 있다.

# 취꽃 취향

가느다란 줄기에 희고 앙증맞은 참취꽃이 남실바람에도 가벼운 몸을 맡겨 흔들리고 있다. 바람 한 점 없이 푹푹 찌는 날씨에도 이곳에 들어서면 시원한 바람의 통로가 나를 맞는다. 건물과 건물 사이 바람을 몰아오는 골목은 출퇴근 때마다 들러 취꽃의 사운거리는 몸짓을 보며, 잠시 쉬어 가는 맛이 여간 아니다. 산에서나 만날 수 있는 뜻밖의 조우가 내겐 횡재나 다름없다. 건물 한편 으레 피었거니 하는 흔한 여름꽃이 아니라 취꽃이라니. 무슨 비밀스런 만남을 간직한 듯 은근 들떠 있기까지 하는 요즘이다.

매일 다니는 대로변에 무슨 일에 연루되었는지 3층 신축 빌딩이 내가 본 이후 4년째 임대 현수막만 붙은 채 비어 있다. 건물 앞에는 완공 당시 조성한 화단에 남천과 루드베키아가 주인 없는 집, 마지못해 지키는 듯 볼품없이 피고 진다. 올 봄 어느 날 건물 오른쪽으로 제법 큰 화단이 있다는 걸 알았다. 풀만 무성하던 곳에 참취가 심겨져 있었다. 새로 심은 건지 풀을 정리해서 모습이 드러난 건지는 알 수 없다. 길가에 식용으로 심은 건 아닐 텐데, 그 많은 식물 중에 참취를 심은 사람이 궁금하다. 설마 관상용 꽃을 위해 심었을까 생각하니 모르는 그가 야릇한 낭만의 소유자라는 느낌이 든다.

　나는 참 소박한 취향을 가졌다. 보통은 속상한 일이나 풀리지 않는 일이 있을 땐, 친한 이를 만나 하소연을 하거나 수다로 위안을 삼는다 한다. 그렇지 않으면 백화점 쇼핑과 구매로 허전함을 달래기도 한다는 거다. 그러나 나는 그럴 때마다 무작정 길을 나선다. 걷는 동안 마주치는 들풀과 나뭇잎은 바람이 스칠 때마다 '그래그래 네 맘 다 알아' 끄덕끄덕 '네 말이 다 맞고 말고' 하며 내 편이 되어준다. 마주한 들꽃마다 배시시 눈웃음이다. 실개천이라도 만나면 금상첨화다. 이 또한 흘러간다고, 가다가 막히면 돌아서 가라고 일러주고 흐른다. 그들이 전하는 말을 듣고 돌아오는 길은 늘 홀가분하다. 들에서는 흔한 개망초, 강아지풀, 여뀌, 달개비가 친구가 되고, 산에서는 으름꽃, 더덕꽃, 취꽃이 다정한 벗이다. 그 가운데에서도 먹거리의 맛으로나 수수하고 가냘픈 꽃의 멋으로나 참취꽃은 내 취향이다. 시골에서 이맘때쯤 흔하게 만나는 취꽃을 한 아름 꺾어다 옹기항아리에 꽂으면 컴컴하던 대청마루가 알전구를 켠 듯 환했다. 취는 서로 다른 이름처럼 제 각기 아름다운 꽃모양을 가졌다. 나물보다 떡으로 이름난 수리취는 우아한 자갈색 꽃에 거미줄 같은 털이 감싸 있고, 개미취는 가지 끝에 분홍빛이 도는 보라색 꽃이다. 단풍 취는 단풍잎을 닮은 잎 사이로 실타래가 풀린 듯 갈래갈래 흩어 피고, 곰도 좋아한다는 곰취는 노랗게 모여서 피어 올라가는 모습이 송화 송이를 닮았다. 저마다 지닌 색이 곱기도 하지만 참취꽃의 수수하고 깨끗한 자태를 따를 수는 없다. 꽃을 피운 참취 한 포기를 가만히 들여다본다. 처음 핀 잎은 톱니가 크고 넓적해서 땅을 덮어 펼쳐지고, 자라면서 크기도 작아지고 잎의 톱니도 잔잔해진다. 꽃이 피기 시작하면 잎은 작아진다. 종족 번식을 위한 생존전략인 듯하다. 봄이면 잎을 키워 인간을 이롭게 하고, 여름이면 꽃을 피우기 위해 잎은 몸피를 줄여서 꽃대를 세운다. 작고 여린 종자가 바람을 잘 탈 수 있게 여리고 가는 줄기 키를 키운다. 모든 생명 있는 것들은 제 자리에서 제 소임을 다한다. 봄에 먼저 핀 꽃을 가을꽃이 부러워하지 않고, 여름꽃이 잘나 보이려고 불쑥 겨울에 나타나지도 않는다. 인간의 일생도 꽃피는 시절이 각기 다르리라. 시선을 사로잡는 꽃이 가장 아름다운 꽃은 아니다. 이른 봄에 화들짝 반기는 꽃만이 반가운 꽃도 아니다. 휘영청 떠오르는 보름달처럼 휘황찬란한 꽃이 가장 성공한 꽃은 더더욱 아니다. 어느 곳에서 피든지, 언제 피었다 얼마만한 씨를 맺는지는 비교의 대상도 견주어 얻어낼 가치 기준도 되지 못한다. 저마다의 씨는 저마다의 우주를 품고 있으니 말이다.

오늘도 퇴근길에 바람의 통로 앞에 들어선다. 건물 벽을 따라 늘어선 하얀 취꽃의 행렬이 밤하늘 은하수가 쏟아져 내린 듯하다. 비 그친 뒤, 바람이 제법 사늘하다. 가냘픈 줄기에 별빛 같은 취꽃이 흔들릴 때마다 아릿한 향과 쌉싸름한 맛이 전해진다.

    따로 핀 화려한 한 송이보다 모여서 아름다운 꽃무리가 더욱 사랑스럽다. 달빛 아래 사운대는 정취가 싱그럽다. 비췻빛 잎사귀 가냘픈 고갯짓에 취한다. 참맛으로 참멋으로 취향 저격 참취.

# 소나무 꽃

 '노랗다'라는 우리말에는 참 많은 노랑이 있다.
 노르스름하다, 연노랗다, 누렇다, 노리끼리하다, 노르무레하다, 샛노랗다 등. 그 가운데 노란색의 기준이 있다면 이런 빛깔이지 않을까 싶다. 요란하고 사치스럽기는커녕 꽃인 줄도 모르게 수수하게 피어서 쏟아내는 황금빛 귀한 분말, 노란색의 품격, 송화다.
 꿀에 버무린 송홧가루를 꽃잎 문양이 아로새긴 다식 틀에 꼭꼭 눌러 박는다. 하얀 도자기 접시에 노란 꽃잎이 한 장 한 장 도드라져 환하게 피어난다. 유화 가득한 말차 한 잔을 마시고 송화다식 하나를 입에 넣으니 혀를 감싸고 스미는 듯 녹아드는 부드러움을 무엇과 견줄 수 있으랴. 자연이 만든 색과 자연이 빚은 맛이 자연스럽게 조화롭다. 오월이 되면 외딴 봉우리가 아니어도, 윤사월이 아니어도 온통 천지가 노란 분칠을 한다. 노란 나비와 함께 날아드는 송홧가루가 알레르기니 미세먼지니 하여 피하고 싫어하지만, 내게는 송홧가루를 타고 나비처럼 날아서 그 시절로 돌아가고 싶은 그리움이 있다.

　이때쯤, 엄마와 나는 도시락을 들고 산으로 향한다. 산나물 뜯고 송홧가루를 털어서 해가 뉘엿뉘엿하기 전, 부자가 된 마음으로 집으로 돌아온다. 엄마를 따라 취나물이며 산나물을 뜯다가 소나무 그늘 아래에서 싸온 주먹밥을 먹는 일은 지금 생각해도 어떤 산해진미보다 더 맛있었다. 땀을 닦아주는 시원한 산바람과 솔숲의 싱그러운 향기, 머리카락을 쓸어주고 어서 먹어라 다독이는 엄마와 눈을 맞추며 먹는 밥맛은, 세상 어느 곳에서도 찾을 수 없는 진수성찬이다. 그 때를 떠올리니 그리운 엄마 모습이 아련히 떠오르며 그만 두 눈이 뜨거워진다. 생각의 언저리만 가도 감전된 듯 온몸이 저리고 목이 메는 그리움. 두 번 다시 마주할 수 없는 엄마, 돌아갈 수 없는 시절이다.
　산을 오르다 힘이 부칠 때쯤 엄마는 무슨 풀인가를 뜯어서 서로 비비다가 '오이 냄새 날래? 참외 냄새 날래?' 하고 내 코에 대어 주신다. 그러면 신기하게도 어느 때는 오이 냄새도 나고 어느 때는 참외 냄새도 나는 것이었다. 그 향기만 맡아도 목마름이 일순간 해소되고 기분이 좋아져서 엄마 뒤를 곧잘 따라다녔다. 나중에 보니 이름조차 친근한 오이풀이었다. 지금도 들이나 산에 오르다 오이풀을 만나면 어김없이 오이인 듯 참외인 듯 풍겨나는 그 향기에서 엄마의 체취를 더듬어 되새기곤 한다.

커다란 봉지를 송화 송이 아래 받치고 톡톡 털면 노란 가루가 솔솔 쏟아졌다. 송화 송이를 툭 치면 노란 안개처럼 자욱하게 날아오르는 모양을 보며 신기하고 재미있었다. 요즘은 송홧가루를 사서 쓰려고 해도 가끔 북한산이 있을 뿐 구하기도 어려운 먹거리가 되어 버렸다. 솔방울이 이상하게 생겼다고 말하는 내게 소나무 암꽃이라고 알려주신 엄마 덕분에 나는 일찍이 소나무에 꽃이 핀다는 사실을 알았다.

소나무 꽃에는 꽃잎과 꽃받침이 없고 비늘 같은 조각들이 촘촘히 모여 있다. 수꽃 비늘 조각에는 꽃밥이 붙어 있고, 암꽃 비늘 조각에는 밑씨가 붙어 있다. 버들가지처럼 통통하게 붙어 있는 촉들이 수꽃을 피워 몽우리를 터트리면 송홧가루가 되어 멀리 날아 짝을 찾아 떠난다. 암수가 한 몸인 소나무는 5월이 되면 가장 먼저 가지 끝에 수꽃을 피운다. 가족의 생계를 위해 새벽 일찍 기침하시고 하루를 시작하신 내 아버지, 어머니 모습이다. 자가 근친수정을 피하기 위해 멀리 멀리 짝을 찾아 가볍게 날아가라고 공기주머니를 달아 주며 가루를 날려 보내는 수꽃. 빈 쭉정이가 되어 암꽃을 바쳐 든 수꽃의 초라한 모습에 내 아버지의 여위고 마른 어깨가 겹친다. 평생을 자식과 가족 돌보시느라 다 바치시고, 해소 천식으로 고생하시다 돌아가신 아버지. 벌레집 같은 수꽃 봉우리를 쓰다듬으니 아직 떠나지 못한 가루가 한 줄기 연기처럼 난다. 아버지의 가느다란 기침 소리가 점점 멀어지고 있다.

수꽃이 지고 열흘 후쯤 암꽃은 가지 끝에 2, 3개씩 나란히 핀다. 암꽃은 꽃가루를 받으면 바로 수정하지 않는다. 일 년을 품고 나서야 수정을 하고 솔방울을 맺는다. 젊고 푸른 녹색이 갈색으로 물들면 솔씨도 따라서 여물어 간다. 일 년을 뱃속에 품고 길러 세상에 내보내 주신 내 어머니의 품성 그대로다. 솔씨가 다 익으면 꼭 다물었던 껍질이 입을 열어 솔씨를 날려 보내고, 그 이후에는 모든 영양과 수분을 거절한다. 물기조차 없이 바삭한 몸으로 나무 아래 떨어져 구르는 솔방울이 처연하다. 황금빛 꽃으로 피어나 딱딱한 솔방울이 되어 품은 씨를 모두 떠나보내고 나서야 그의 생을 접는다. 소나무의 자비와 절개다.
　솔방울을 떨군 소나무를 우러러 본다. 사시사철 만나는 소나무 꽃의 당연한 존재를 인식하지 못하듯, 미처 깨닫지 못하고 사는 부모님의 끝없는 자애를 생각한다. 떨어진 솔방울 하나를 집어 든다. 퍼석하니 가볍다.

# 따뜻한 돌

'온' 하고 부르면 아지랑이 같은 포근함이 온정, 온화, 온풍 같은 친구들을 앞장세워 총총히 몰려들 것만 같다. '온' 하고 말하면 닫히지 않은 입술 사이에 따뜻한 울림이 아랫목처럼 은근하고 오래 머문다.

따뜻한 돌, 온돌! 온돌은 애초부터 제 몸을 위해 제 몸을 데우지 않는다. 제 몸이 견뎌낼 수 있는, 아니 때론 제 몸이 터지고 갈라지는 극한의 화기를 감내하면서 누군가의 한기를 달래주고 냉기를 데워주기 위해 구들이 되고 온돌이 되었다. 제 몸 구석구석 가두고 다독여 둔 열기를 누군가를 보듬어주는 데 무시로 나누어 준다.

겨울이 되면 나는 애정하는 돌 하나를 키우고 있다.

언젠가 성당에서 피정을 갔을 때 시냇가에서 수많은 돌 중에 내 눈에 점지되어 품에 들어온 돌이다. 납작하고 반들반들한 촉감에 흐린 날 잿빛 구름이 언뜻언뜻 새겨진 문양으로, 한 손으로 잡기에도 만만

한 크기다. 탁하지도 않고 맑지도 않은 담담함이 무던해서 자꾸 쓰다듬고 눈길이 자주 간다. 아무리 만져도 뾰로통한데 없이 수줍은 듯 차분하다. 만지면 시원하고 쓰다듬으면 기분이 상쾌해진다. 겨울이 되자 쳐다보지 않게 되었다. 물끄러미 바라보다 문득 온돌이 생각났다. 난로 위에 올려보았다. 적당히 따뜻하게 데워진 돌은 매끈한 몸매에 내 언 손을 다정하게 잡아주었다. 고 작은 몸으로 데워진 온기를 긴 시간 시나브로 내게 베풀어주었다. 주문하면 금방 나오는 즉석식처럼 바로 데워지지 않았고, 여러 번 우려 내는 찻잎처럼 오래 온기를 유지했다. 돌이 품었다 내놓는 온기는 어머니의 온기를 닮았다. 내 체온과 같았던 그리운 어머니의 체온. 미지근한 듯 닿아 있고 머무는 듯 품어준다. 화학 작용을 이용한 손난로가 아닌 천연의 손난로다. 뜨겁게 달궈진 돌을 수건으로 돌돌 말아 아랫배에 얹어 본다. 단전이 데워지자 온몸이 데워진다. 어머니의 약손이다. 어린 시절, 배가 아프다고 하면 끌어다 품에 안고 '쑥쑥 내려가라 엄마 손이 약손이다. 쑥쑥 내려가라' 하고 문지르기만 해도 신기하게 아픔이 가라앉던 그 신비의 온기. 어머니의 정성으로 데워진 체온은 온도계로 읽을 수 없는 초능력의 힘이다. 그 어머니의 체온을 잊지 못하여 우리는 온돌을 그리워하는지 모르겠다. 몸이 찌뿌듯하거나 기분이 언짢을 때에도 온돌이 품어주는 넉넉한 품에 안겼다 나오면 개운한 몸의 평정을 되찾고는 한다.

"무자년 어느 비오는 날, 스승을 따라 지리산 칠불사 아자방에 갔다가 이 책자를 등초하여 내려온 이후…"라고 씌어진 『다신전』을 대할 때마다 아자방에서 따스한 온기가 입김처럼 전해진다. 아자亞字에서 풍겨 오는 예술적 공간의 미는 묘한 매력으로 아랫목처럼 훈훈하게 자리 잡고 있다. 마침 온돌문화축제와 선차 학술발표회가 열리는 행사에 참석할 기회가 온 것은 가을이 무르익은 11월 초순이다. 칠불사 탱화만큼이나 아름다운 빛으로 불타고 있는 산기슭에 아자방 체험 실이 고즈넉하게 자리 잡았다.

신라 효공왕(897~912) 때에 담공 선사가 지었다는 이중온돌 구조인 아자방은 한번 불을 지피면 49일 동안 따뜻하고 100일 동안 온기를 유지한다는 온돌의 꽃이요 전설의 구들로 알려져 있다.

아자방은 방안 네 귀퉁이에 35, 70센티미터 높이의 면벽수행을 하는 참선처인 좌선 공간과 십자 모양의 경전을 읽고 다리를 펼 수 있는 통로가 마치 한자의 아자亞字 모양을 닮았다 하여 붙여진 이름이다. 서양의 벽난로나 모닥불의 난방 방식은 공기만 데우는 원리다. 대류 방식으로 머리는 뜨겁고 발은 시린 반면, 취사와 난방을 겸하는 우리의 난방인 온돌은 바닥을 따뜻하게 하여 그 열기로 머리는 시원하고 발은 따뜻하게 하는 복사 난방이다. 열 손실을 적게 하여 쾌적하고 건강한 기온을 만들어 내는 가장 이상적이고 과학적인 방법이다.

아자방은 발굴과 복원 중이어서 실제의 모습을 볼 수는 없다. 체험관으로 복원 중인 아자방에서 그 신비의 비밀을 들어볼 수 있었다. 건물은 여러 번 수리·중건하는 동안 한 번도 온돌을 수리한 적 없었다는 기록이 있다고 한다. 모 온돌학회에서 오랜 연구와 실험 끝에 가마형 함실과 중층 회오리 구들로 설계하여 지금은 불 때기 실험 단계에 있다고 한다. 학회 회장님으로부터 이번 체험관 실험을 통해 대략 30일간은 뜨겁고, 60일간은 온기가 지속되었다는 말씀을 들었다. 대체 이런 불가사의한 일은 어떻게 가능할까.

아자방 구들은 불을 꺼뜨리지 않은 채, 많은 양의 땔감을 오래 타게 하면서 장시간 열을 가두고, 천천히 발열시키는데 그 비밀이 있다고 한다. 아자방지 해체 발굴 결과 아궁이의 존재를 추측할 수 있는 '확돌'이 발굴됐고, 아궁이의 길이는 2미터 정도로 장정이 장작을 7짐이나 지고 들어갈 정도의 함실과 보조 아궁이가 있었다고 한다. 온돌은 최고의 과학기술로 유네스코 세계유산으로 등재된 우리 문화의 뜨거운 걸작이다.

내가 갔을 때는, 2주 전에 불을 땠다 하는데 오래 앉아 있을 수가 없을 만큼 방이 뜨거웠다. 아랫목과 윗목, 높은 곳과 낮은 곳의 온도가 똑 같은 온돌. 한번 데워지면 오래 오래 온기를 잃지 않는 온돌. 온돌 같은 사람이 그립다. 가랑잎처럼 포르르 타오르고, 검불처럼 쉽게 사그라지는 만남이 아닌, 평생 아자방의 온기로 뭉근한 사람. 오래 보아도 처음과 끝이 한결같은 사람. 그런 정을 주고받으려면 내 먼저 가슴의 구들에 불을 지필 일이다.

# 모과나무 그늘 아래

비스듬한 비탈에 긴 목발을 짚었다.

긴 세월 양분은 빨아올려 잎으로, 꽃으로, 열매로 키우고 자신의 몸통은 깊은 동굴로 텅 빈 채 거죽만 남아 있다. 전신엔 총상을 입은 듯 여기저기 뚫려 있고, 툭툭 불거진 옹이와 울퉁불퉁 매달린 혹들과 깊이 팬 주름투성이다. 무수한 세월의 흔적을 고스란히 껴안고 500년의 노거수 모과나무 한 그루 고요히 서 있다. 바람 한 자락 불어올 때마다 초록의 그늘이 일렁이며 새를 부를 뿐, 곁에 있는 소나무도 정자한 채도 조용하긴 마찬가지다.

인적조차 없는 비탈에 목발을 짚고 서 있는 나무의 자태는 고고했고, 천지를 호령하듯 위풍당당하다. 견뎌온 세월의 무게와 버티어낸 인고의 연륜 앞에 나도 모르게 숙연해진다. 상처로 얼룩져 뼛속까지 바람이 드나드는 육신으로 키워낸 초록의 잎은 오월의 하늘을 향해 파도치듯 푸르렀다. 조심스럽게 다가가 우산처럼 펼쳐진 그늘에 서서 나무를 우러른다. 경이롭고 경외스럽다. 상처마저 비바람에 시달려 갈라지고 패인 자리는 돌고드름처럼 흘러내린 채, 하늘을 향해 생명의 건재를 드러내고 있다. 간신히 목발로 부축한 나뭇가지가 가장 높이 하늘과 맞닿아 나부낀다. 쓰다듬어 어루만지고 싶은 내 마음을 아는지 새 한 마리 날아와 지지대에 의지한 가지에 톡톡 입 맞추며 지저귄다. 후계목으로 보이는 키 작은 모과나무 한 그루, 바로 곁에서 나풀나풀 싱싱하다.

 힘겹게 목발 짚은 모과나무 그늘에 서서 동병상련의 아픔으로 눈물이 핑 돈다.
 한 발을 디디면 따라가야 하는 다리가 셋이다. 다친 다리보다 목발을 감당하는 손목과 어깻죽지가 더 힘들었다. 다리를 절단하는 것보다 목발을 짚고 땅 딛고 밟을 수 있음에 감사하던 날들. 두 발로 걸을 수 있다는 당연한 명제가, 걸을 수만 있다면 하는 간절한 염원이요, 한 가닥 절박한 희망이던 날들이 있었다.
 20년 전 오월, 그날의 오월도 평화롭고 싱그러운 초록이 눈부신 날이었다. 『이방인』의 뫼르소가 태양의 강렬한 눈부심을 탓했을까, 차 앞 유리에 오월의 아침 햇살이 번쩍 스치던 한순간은 도로 위에 커다란 굉음과 함께 내 삶에 정지선을 길게 그어 놓았다.
 경사는 늘 한발로 지탱할 수 없을 만큼 기울어져 있고, 균형은 늘 나로부터 몇 발 떨어진 거리에서 조롱하듯 따라다녔다. 그러나 지금의 내 자리가 내가 딛고 일어설 자리였음에 인내의 뿌리를 깊이 뻗어 내려갔다. 부러진 뼈는 목발의 부축에 서로 이어져 굳어지고, 꿰맨 상처는 바람과 시간이 어루만지며 그대로 내 살이 되었다. 목발을 짚던 손바닥은 굳은살이 박인 채 제 몫을 감당했고, 근육이 생긴 어깨도 1년 동안 목발과 두 다리를 우산이 되어 지지해 주었다. 불구인 한쪽이 온전한 사지로 거듭나도록 견뎌준 나머지 육신 덕분에 어느덧 성한 다리보다 더 단단해지고 더 튼실해졌다. 목발을 내려놓고도 홀로서기 까지, 막내아들은 제 어깨를 대주며 목발 역할을 자처했다. 500년 수령의 엄마 나무 곁을 지키는 후계목처럼.

  거친 갈색 나무껍질이 조각조각 벗겨진 자리에 하얗고 매끄러운 속살이 비친다. 묵은 껍질을 벗어버리고 다시 태어나는 모과나무의 지혜가 생명의 순환 앞에 숭고하다. 사고 당시 푹 꺼진 내 다리에 새 살이 차오른 것처럼. 세월의 섭리는 세파를 건너오면 '처음처럼'이라는 치유를 보상해준다.

  붉은 듯 금빛이요, 누른 듯 녹회색 빛깔의 모과나무 수피는 마치 조각보처럼 섬세하고 오묘한 색감의 조화가 아름답다. 무동처사茂洞處士라는 어서御書를 하사받아 우리나라 최초 천연기념물이 된 연제리 모과나무. 500년을 버텨 낸 저력이 지지대의 힘을 얻어 올해에도 황금빛 향기 주머니가 주렁주렁 달리기를 기원한다. 작년에 떨어진 모과가 제 몸의 진액을 다 향기로 토해 내고 미라가 되어 바닥에 뒹군다.

머지않아 가지 끝에 연분홍색 5장 꽃잎이 도란도란 피어날 것이다. 곱고 앙증맞은 꽃에서 탄생한 모과의 볼품없음에 놀라고, 그 몰골로 품어내는 향기에 반해 놀라고, 그 은은한 향과 달리 형편없는 맛으로 세 번을 놀라게 하는 모과나무.

과일전 망신을 시킨다는 모과도 향에서만은 과일 중 단연 으뜸이다.

모과는 사과처럼 고혹적인 몸매와 반반한 얼굴빛으로 매혹하지 않으며, 딸기처럼 보드라운 살결과 연약함으로 보호 본능을 유발하지도 않으며, 바나나처럼 쭉 뻗은 몸매를 과시하지도 않는다. 포도처럼 탱글탱글 야릇한 매력을 불러일으키지도 않으며, 레몬처럼 요염한 신맛으로 자극할 줄도 모르고, 말랑말랑한 반중조홍盤中早紅감으로 효도할 물건은 더욱 못된다.

그러나 모과는 향기로 사람의 마음을 움직인다. 가볍게 들떠 있는 샛노란 빛이 아닌 은은하고 중후한 황금빛으로, 세련된 외모보다는 어수룩한 수수함으로 타고난 꼴보다 제 안에 다져진 내밀한 향으로 제 역할을 다한다.

모과처럼 살고 싶다. 내가 가지지 않은 것을 탐하기보다 내 타고난 향을 보듬어 나만의 향기를 간직하고 싶다. 어느 곳에 놓이든 제 몸의 진액을 바닥까지 향기로 뿜어 내고 그 자리 돌처럼 굳어 가는 모과의 육신처럼, 내 머문 자리 최선의 향기로 남고 싶다.

# 비 갠 후

파란 하늘이 열리고 흰 구름이 마중을 나오자 쨍하고 햇살이 길을 낸다. 한 무리 새 떼가 기다린 듯이 제일 먼저 하늘 길을 날아오른다.

반짝 든 햇살에 젖은 발자국을 널며 나도 길을 나선다. 막 목욕을 마친 초목들이 머리를 털기도 전에 칠월의 폭양은 보도블록의 물기를 서둘러 걷고 있다. 촉촉한 공기 속에 물비린내 맡으며 새적굴 공원에 들어선다. 계단식 쉼터와 폭포, 잔디광장 등이 있지만 나는 이곳 작은 소나무 숲길이 좋다. 멀리 가지 않고도 숲속에서 만나는 소쇄한 바람, 싱그러운 숲 내음과 시원한 신록이 주는 눈맛을 즐길 수 있다. 틈틈이 시간 내서 누릴 수 있으니 내게는 큰 호사다.

비가 그친 뒤 근육이 우람하던 건너편 우암산은 면사포를 드리운 신부처럼 다소곳하다. 아직 마르지 않은 몸에 살짝 걸친 긴 수건을 꼭 말아 쥔 채 살며시 내다보고 있다.

화사하게 방긋 웃는 파란 하늘을 만난 서쪽 산마루턱엔 아직 울다 그친 표정을 채 수습하지 못한 찡그린 구름이 슬슬 뒷걸음질 치고 있다. 바람이 스칠 때마다 향긋한 비누 향이 묻어오는 듯 상쾌하다. 공원으로 오르는 길가에 조그만 얼굴로 노란 눈을 깜빡이며 하늘거리는 개망초 긴 목도 유난히 청초하다. '가까이 있는 사람을 행복하게 해주고 멀리 있는 사람은 가까이 다가오게 해 준다'는 꽃말을 가진 가녀린 꽃송이에게 붙여진 접두사를 꽃잎에 붙은 진딧물 같아 떼어주고 싶다. 휙 지나가는 바람에 물기 머금은 나뭇잎들이 일제히 머리를 털어 우수수 떨어지는 물방울 세례를 받는 일도 즐겁다. 어디서 숨어 우는 지 '음음 꾹꾹, 음음 꾹꾹' 부르면 대답하고 대답하면 부르며 장단을 맞추는 맹꽁이 소리. 그러다 소리가 겹치면 뚝 그치고 다시 울다 뚝 그친다. 짝을 부르는 애틋한 화음이다. 잡초로만 여기고 눈길조차 끌지 못하던 소리쟁이도 화단 가운데 떡 자리를 잡으니 파초인 양 제법 의젓하게 화초 노릇을 한다. 보랏빛 조뱅이와 지칭개도 또랑또랑한 눈망울로 서로의 닮은 모습을 응시한다. 연둣빛 가는 줄기에 노란 꽃잎을 달고 돌 사이를 힘차게 뻗어가는 돌나물은 또 다른 돌나물이라는 이름처럼 소복소복 돋아 있다. 그저 돌과 돌을 돋보이게만 하던 바위취와 돌단풍도 함초롬 비에 젖어 실핏줄 같은 잎맥이 하나하나 되살아난다. 내 무디어진 감성도 그들을 따라 살아난다.

    구름에 가려 일찍 핀 달맞이꽃은 꽃잎을 접을지 말지 고민하는 중인가보다. 고갯짓이 갸우뚱하다. 분홍 볼연지를 찍은 메꽃도 햇살이 부끄러워 몸을 배배 꼬고 웃자란 명아주 뒤에서 고개만 내밀고 웃는다. 그 옆으로 홍자색 바탕에 주근깨가 가뭇가뭇 찍힌 초롱꽃이 물방울을 매단 채 다소곳이 고개를 숙이고 있다. 연한 보랏빛 벌개미취도 비를 맞고 꽃빛이 더욱 진해졌다. 달개비는 보랏빛 두 귀를 쫑긋 세우고 한 마리 나비가 되어 날아오를 듯 살랑 바람에도 날갯짓을 한다.

 물기를 머금어 폭신한 잔디밭을 걸으면 스며들듯 느껴지는 신발바닥의 촉감이 나는 좋다. 잔디밭의 점령군, 토끼풀은 향기가 되고 무늬가 되어 준다. 좋은 꿀이 있는 풀이라고 제우스가 붓으로 표시해 주었다는 토끼풀도 보통 때는 그저 있으나 마나 존재감이 없다가 비를 맞은 후에 단체로 내뿜는 향기는 어느 값비싼 향수 못지않다. 토끼풀이라고 가만히 불러보면 하얀 토끼들이 빙 둘러앉아 풀을 뜯어먹고 있는 모습이 연상되어 앙증맞고 사랑스럽다. 클로버라고 부르는 순간 그런 다정함보다는 요행과 행운을 바라는 네잎 클로버가 떠올라 낯선 이름이 된다.

 숲속으로 들어서니 습기 먹은 솔향기가 호수처럼 출렁이며 일시에 나를 흔들어 깨운다. 비 개인 후 솔숲은 향으로 가득한 유토피아다. 솔방울은 겹겹이 간직한 향을 풀어 가슴의 응어리를 잉크처럼 풀어주고, 솔잎은 바늘처럼 머리에 꽂혀 막힌 혈을 뚫어준다. 소나무의 자태는 언제보아도 늠름하고 고고하다. 굽은 건 굽은 대로, 뻗은 건 뻗은 대로 서 있는 그 자체만으로도 작품이요, 명품이다. 인고의 세월이 빚은 범접할 수 없는 초월적 존재감이다. 으뜸의 기운이 품어내는 기상은 늘 경외스럽다. 소나무는 슬하에 크고 작은 나무며 넝쿨과 들풀을 거느리고 거대한 그늘의 일가를 이룬다. 누구나 찾아오면 반겨주고, 머무르면 품어준다. 더운 이에게는 바람을 주고, 답답한 이에게는 상쾌함을 주고, 우울한 이에게는 맑은 향을 선사한다. 막힌 이는 뚫어주고, 닫힌 이는 열어준다.

비는 초목이 맞고, 나는 산뜻하게 씻은 초목의 싱그러움을 바라보며 나를 씻는다.

# 시월에

　시월의 첫 치음은 소리부터 스산하다. 혀끝과 윗니나 잇몸 사이에서 나오는 소리가 가을날 가늘게 떨리는 문풍지로 바람 새는 소리가 난다. 구월은 구르는 바퀴처럼 구름 빛이나 구경하다 보내고, 십일월은 상행선이 하행선을 넘어다보듯 우물쭈물 지나친다. 그러나 시월은 선뜻 불어오는 바람 앞에 한기를 느끼며 허허로운 가슴 한쪽을 단속하기에 이른다. 문득, 내 존재의 시원始原을 찾아 두리번거린다. 주머니 속을 뒤져보기도 하고 풀숲을 뒤적거려보기도 하다, 책갈피를 꽂으며 밑줄을 그어보기도 하다가, 자작나무 숲에 가서 느닷없이 나는 누구인가를 물어보기도 한다. 그러다 구르는 낙엽에게 선심 쓰듯 눈물을 떨구기도 하고, 부쩍 높아진 하늘이 나와 멀어짐을 슬퍼하기도 한다. '목석도 땀 날 때가 있다'고 했거늘 목석같은 사람도 공원의 빈 의자에 앉아 있다가 찝찔한 눈물의 맛을 보기도 한다. 1센티씩 다가오는 가을빛을 느끼며 감상에 젖어 들기 시작한다.

저물녘에 집을 나선다. 비가 오려는지 바람이 예고편으로 건듯건듯 불어온다. 자막이 지나가듯 바람이 한차례 불어올 때마다 꼭 잡고 있던 가지에서 손을 놓은 나뭇잎이 미련이 많은 듯 빙빙 돌다 떨어지곤 한다. 아직은 풀기가 많은 초록 잎들이 낙엽이 되기까지 몇 날이 더 남아 있다. 접어 올린 겉옷을 풀어 내리며 바람을 맞는다. 춥지도 덥지도 않은 이 계절의 바람을 커다란 봉지에 담아 잠가두고 싶다. 옷자락이 펄럭거리는 긴 옷을 입고 나왔으면 좋았을걸 하고 생각한다. 앞서가는 이의 나부끼는 옷자락이 날갯짓처럼 가벼웁다. 그래서 가을은 바바리코트의 계절인가 보다. 하루를 데려가려고 서쪽 하늘은 주섬주섬 준비를 하고, 나는 중고 서점으로 문을 밀고 들어선다. 보물찾기하듯 여기저기 숨겨 놓은 제목을 따라가다, 펼쳐보는 재미는 중고서점이 가지고 있는 매력이다. 끌리는 책을 가격표와 견줘보는 궁색한 갈등을 하지 않아서 좋다. 다음날 사러올 목록까지 점지해 두고 몇 권을 골라 들고 나온다. 바람도 해거름도 예고편은 끝나고, 본편인 가을비가 추적추적 내리고 있다. 어느새 뉘엿뉘엿 석양은 떠나고, 가을비 내리는 진하고 호젓한 밤을 모셔다 놓았다.

가을비 내리는 밤은 덕수궁 돌담길이 아니어도, 달빛 억새길이 아니어도, 애잔한 클래식 선율이 흐르지 않아도 좋다. 빗소리를 들으며 걷는 길은 어디든 가을이 촉촉하고 흥건하다. 초록 나뭇잎들은 비에 젖어 청록 빛 벨벳처럼 윤기 흐르고, 하늘을 이고 있는 플라타너스의 근육질 버즘 수피도 흠뻑 젖어 건강미가 흐른다. 종아리에 튀어 오르는 빗방울마저 정겹다.

비 그친 거리에 사람이 만드는 소음도 잦아드니 가을 정취가 물씬하다. 먼저 맞은 매처럼 일찍 떨어진 플라타너스 넓은 이파리가 보도블록을 덥석 잡고 놓지 않는다. 담장 옆 백일홍 말갛게 씻은 얼굴이 가로등 불빛 아래 별빛으로 수를 놓는다. 길가의 코스모스는 가느다란 목으로 언제 비를 맞았느냐는 듯 방글거린다.

가을은 쓸쓸함과 넉넉함이 공존한다. 어디론가 떠나고 싶어 낙엽처럼 바스락거리는 건조한 가슴으로 들로 나서면, 지천으로 익어가는 황금빛이 넘치도록 차오른다. 쭉정이는 버리고 햇것으로 채우라고 가을은 우리 가슴을 텅 비워 준다. 떠나는 것을 잡으려고도, 떨어지는 것을 애처로워할 일도 아니다. 가을은 늘 옳다. 가져간 것 그 이상을 되돌려준다. 잠깐의 공허함 뒤란에는 그득한 곳간을 지어 두고 있다. 눈물처럼 연약한 추락 뒤에는 보석처럼 빛나는 씨앗을 감춰두고 있다. 흐린 하늘 뒤에는 물속같이 명징한 거울을 꺼내주고, 비에 흠씬 적신 후에 달래줄 보송한 햇살을 높이 달아 두고 있다. 잎 진 자리 마침표에 뿌리를 달아 쉼표로 쉬게 하고, 내년이면 한 그루 느낌표로 감동의 열매를 줘어 준다.

최치원은 「추야우중秋夜雨中, 비내리는 가을 밤」에서
秋風惟苦吟추풍유고음 가을 바람에 오직 괴로이 읊나니
擧世少知音거세소지음 세상에 알아듣는 이 적구나

窓外三更雨창외삼경우 깊은 밤 창밖에는 비가 내리고
燈前萬里心등전만리심 등불 앞 만 리 먼 길 외로운 마음
이라 노래한다.

외로움은 외로움으로 끝나지 않는다. 세월의 외로움은 고즈넉한 밤이면 땅속 깊은 곳으로부터 양분을 길어 올리는 실핏줄이다. 고뇌의 실핏줄 많은 이여! 그대의 나무는 튼실하리라.

# 햇살의 기울기

 구름 한 점 없다. 동서남북을 둘러보아도 물감 한 통이 쏟아져 그대로 물든 도화지 한 장이다. 농도도 채도도 더하고 뺄 것 없는 완전무결이다. 티끌 하나 거스르지 않은 천의무봉이다. 하늘색 도화지의 표준을 정한 날이 오늘 추분의 하늘빛인가 보다. 하늘색 물감을 쓸 때마다 한순간도 쉼 없이 변화무쌍한 구름빛과 하늘빛을 어찌 하늘색이라고 규정한단 말인가 투덜대기도 했는데, 오늘의 하늘빛은 틀림없는 도화지의 하늘색이다. 후 불기만 해도 쨍하고 깨질 것 같다. 한참을 올려다보고 있으니 눈이 시리다. 그 서늘한 무궁함에 깊숙이 빠지니 눈물이 핑 돈다.

 명장 수여식 차 자리를 위해 가는 길에 가을빛이 반긴다. 차창 밖으로 느껴지는 가을빛이 왠지 새침하다. 창문을 열고 먼 산을 바라보니 어제의 햇살이 아니다. 오만하리만치 직선으로 쏘아보던 햇빛이 슬쩍 눈을 돌렸다. 하늘이 부쩍 키를 세우고 하늘빛 양탄자를 쫙 펼치자 움찔 놀란 눈치다. 우산살처럼 팽팽하던 햇살의 살 하나가 꺾였다.

백로와 한로 사이, 입추와 입동 사이, 하지와 동지 사이, 여름과 가을을 가르는 날, 예의 바른 추분은 이미 산기슭 어디 쯤 대기 중이었나 보다. 하늘은 순결하여 고요하고, 푸름은 충만하여 깊디깊다. 길가의 코스모스는 색색으로 결을 맞춰 계절을 환호하고, 들판은 출렁이며 익어가는 흐뭇함으로 넉넉하다. 초목은 젊고 푸른 한때를 흥건하게 물들일 준비를 하고 있다. 누구도 거역 없이 적선을 베푸는 계절은 결속 중이다. 원 없이 푸르렀으므로, 지체 없이 물들고, 한번쯤 뒤척이다 떨어져 묻히리라. 언제든 돌아가면 품어주는 흙의 품으로.

오늘의 명장은 돌너와 번와장이다. 청학동에서 서당을 운영하기도 하는 명장은 아파트 문화가 대세인 이 시대에 만나기 어려운 분이다. 돌 너와란 돌 지붕, 돌집, 너새집, 돌능와집 등으로 불리며, 점판암이 많이 나오는 지역에서 용이성과 경제성을 이용해 지붕을 이었던 재료이다. 기와를 덮는 기술자라는 뜻으로 번와와공飜瓦工, 번와장飜瓦匠이라고 한다. 여름휴가 겸 청학동에 갔을 때 서당의 미술관, 박물관, 정자 등 돌 너와 지붕을 보고 왔다. 청학동 깊은 골에 자리하고 있어 주변 경관과 어우러지니 돌 너와의 깊은 멋이 한층 돋보였다. 더구나 우리가 간 날은 비까지 내려서 까만 돌지붕은 흑단빛 검은 보석으로 빛났다. 예전에 우리도 도자기 전시관을 돌 너와로 지은 적이 있었다. 돌너와를 구하기 위해 점판암이 나는 회인 지역에서 헌 집을 개조해

주고 지붕을 뜯다 쓴 적이 있었기에 그 아름다움과 운치를 익히 알고 있는 터였다. 돌너와는 그 지역에서 나오는 돌을 이용하므로 경제적일 뿐만 아니라 내구력 또한 뛰어나다. 나무나 짚은 자주 갈아줘야 하지만 돌너와는 한번 지붕을 이면 오래 간다는 장점이 있다. 돌너와를 이는 기술 또한 어김없이 찾아오는 절기의 약속처럼 한 치의 오차 없이 지켜져야 한다. 2~3센티 두께의 비늘 모양 점판암을 아래에서부터 위로 올라가며 겹쳐서 올리는 형식인데 그 정교함이 그야말로 물샐 틈이 없어야 하는 것이다. 각 분야의 명인 명장들이 곳곳에 있기에, 때가 되면 찾아오는 추분처럼 우리의 전통 문화의 맥이 유지되는 것이다. 낮과 밤을 똑같이 가르는 추분처럼 넓적한 돌을 또 고르게 갈라야 제자리에서 제 역할을 다하여 지붕의 소임을 다할 수 있는 것이다. 만사의 이치는 자연의 섭리다. 계절의 순환이 변함없듯, 살아가는 일 또한 거스르지 않으면 물 흐르는 법法이 저절로 길을 내리라. 인간이 빚어 내고 만들어 내는 모든 창조물 또한 밤과 낮의 길이를 조율하는 자연의 이치에서 벗어날 수 없다.

명장 수여식을 마치고 맑은 차 한잔을 나누며 축하와 다짐을 되새긴다. 명장, 명인으로 살아간다는 일은 자신이 키우는 햇살의 기울기를 따라 가는 일이다. 누구에게나 공평한 햇살이 설령 내게는 비껴갈지라도, 내가 키우고 있는 희미한 햇살을 따라 몸을 기울이며 사는 일이다. 양껏 기울여도 벗어나지지 않는 커다란 그늘에서도 목숨처럼 햇살을 깎고 빚어 내는 일이다. 멀리 저무는 햇살이 돌너와에 부딪혀 반사되는 빛으로 내일의 햇살을 약속 받는 일이다.

# 소리로 피는 꽃

### 더덕꽃

『다신전』 이론 수업을 마치고 우리는 차 도구를 챙겨서 경내의 정자로 자리를 옮긴다. 밖으로 나오니 후끈 달아오른 열기가 온실 문을 열고 들어온 것 같다. 숲속의 절이건만 타오르는 태양의 온도는 피할 수가 없다. 절 앞에 잘 가꾸어진 정원의 초목도 축 늘어져 지친 표정이다. 배롱나무도 뙤약볕에 붉은 열꽃이 만발했고, 민머리 수국은 아주 고개를 꺾은 듯 숙이고 있다. 하늘도 8월의 찜통더위에 새파랗게 질렸다. 순한 흰 구름만 이리저리 흩어지며 하늘을 쓰다듬어 더위를 달래주고 있다. 넓은 절 마당을 가로질러 더덕 꽃이 터널인 양 드리운 정자에 차 자리를 편다. 자리만 옮겼을 뿐인데 이곳은 딴 세상이다. 사방으로 탁 트인 정자는 앞으로는 우암산 자락에서 산바람이 불어오고, 맞은편으로는 절 뒷산 가침박달나무 숲에서 건너오는 향기로운 바람이 마주 불어와 오장까지 씻기는 듯 상쾌하다.

등나무에 기대선 정자 아래에서부터 감고 올라온 더덕 넝쿨이 네 장의 마주난 초록 잎 달린 줄기에 조롱조롱 종을 매달고 있다. 다섯 갈래로 벌어진 별모양 꽃송이는 연한 녹색 빛이 돌며 안을 들여다보면 자갈색 점이 촘촘히 박혀 있다. 뻔뻔하다시피 고개를 쳐들어 나보란 듯 핀 다른 꽃에 비해, 살포시 고개를 숙인 채 달랑달랑 바람이 불어올 때마다 고갯짓하는 모습이 사랑스러워 더 정이 간다. 그 청순하고 아름다운 꽃 색에 매료되어 한때 내 아이디를 더덕꽃으로 쓴 적도 있을 만큼 좋아하는 꽃이다. 더덕꽃을 마주하며 즐기는 차 자리는 이 계절에 누릴 수 있는 최고의 호사다. 이곳 절의 더덕꽃은 유독 색이 곱고 예쁘다. 부처님의 법문을 들으며 몸가짐을 다독거렸는지 줄기를 타고 피어 있는 자태도 단아하고 고졸하다. 이파리도 네 장이 나란히 돌려 피어 꽃송이를 떠받드는 자세다. 꽃받침은 받침이라기보다는 꽃 덮개처럼 위에서 아래로 굽어보고 있고, 꽃은 연한 녹색이지만 안쪽의 보랏빛 다섯 장 꽃잎이 입술처럼 밖으로 살짝 내밀었다. 아래를 향해 풍선처럼 봉긋이 부풀어 있어 들여다보지 않고는 그 신비로움을 만날 수 없다.

꽃차 만드는 친구의 부름으로 골 깊은 산사로 도라지꽃을 따러 나섰다. 평소 꽃차를 만들지는 않지만 이곳 스님의 초대로 바람도 쐴 겸 친구와 동행하게 되었다. 한 시간쯤 달려 산길을 따라서 숲길을 헤치고 도착한 곳에는 계곡이 흐르고, 흰색과 보라색 도라지꽃이 하늘을 우러러 바람에 물결치는 장관을 이루고 있다. 이슬로 자란 꽃이라 차를 만들면 달디달다 하시는 스님 말씀이 아니어도, 이곳 경관만으로도 이미 도라지꽃차의 싱그러운 향이 느껴진다. 꼭 입을 다물고 있는 것, 곧 터질 듯 부푼 것, 양쪽으로 벌어지며 막 피고 있는 것, 하늘의 은하수만큼이나 반짝이는 별무리가 마음을 흥분시킨다. 우리는 늦게 도착하여 곧 날이 저물 것도 잊고, 도라지꽃의 행렬에 취해 넋을 놓았다. 막 피어나려는 생명을 꺾는 일이 선뜻 손이 가지 않아 머뭇거리는 나를 눈치 챈 친구가 "꽃아, 미안해. 또 다른 모습으로 더 많은 이들에게 사랑받게 해 줄게." 하며 내게 눈짓을 보내고 꽃을 따기 시작한다. 예상보다 빠르게 산사의 밤은 오고 휘영청 달이 떠올랐다.

"오늘은 꽃봉오리 터지는 소리나 듣는 게 어떨까?"

마침 밭 가운데 커다란 너럭바위를 가리키며 내가 말했다. 우리는 달빛 아래 낮 동안 햇살에 따끈하게 데워진 바위에 벌렁 누웠다. 숨소리도 죽이고 가만히 누워 있자니 꽃봉오리 폭폭 터지는 소리가 여기저기서 들려왔다. 신기하고도 신선의 경지에 이른 황홀감이 느껴졌다. 워낙 물결치듯 넓은 꽃밭이었기에 가능한 일인지도 몰랐다. 산 위에서 불어오는 산바람과 계곡물 흐르는 소리, 온돌방 아랫목에 누운 듯 등으로 전해지는 따스한 온기, 그곳에서 도라지꽃 터지는 소리라니! 우리는 그날 '소리로 피는 꽃'을 영접했다.

도라지꽃과 더덕꽃은 닮은 데가 많다. 줄기를 자르면 사포닌 성분이 많은 흰색 즙이 나오는 것도, 튼실한 뿌리의 저력도 닮았다. 잎 앞면은 녹색이고 뒷면은 회색빛을 띤 파란색이며 털도 없이 매끈하다. 꽃 모양도 종을 닮았다. 더덕꽃처럼 다소곳이 고개 숙인 얌전함이 아니라, 보란 듯 자신 있는 당당함의 차이랄까. 흰색 꽃도 있지만 도라지꽃은 푸른빛이 감도는 보라색이 신비롭고 예쁘다. 더덕꽃이 피는 소리는 아직 들어보지 못했다. 고요의 중심에서 더덕꽃이 피는 소리를 듣고 싶다. 땅을 향해 피어나는 더덕꽃 피는 소리는, 왠지 도라지꽃 피는 소리보다 더 중후하고 낮게 깔리는 울림이 길 것 같다.

소리 없이 피는 꽃은 없다. 듣지 못한 자의 변명일 뿐.

귀로 듣는 향기, 소리로 피는 꽃은 지극한 고요와 조우할 때 얻어지는 선물이다.

# 마로니에 아래서

　미술관 앞 펼쳐진 잔디밭이 초록의 바다다. 하얀 구름은 10월의 푸른 하늘을 자유로이 떠다니고, 잔디밭으로는 축제장을 찾은 사람들의 발걸음이 경쾌하다. 코로나 검사를 위해 긴 줄이 늘어서 있지만 장인의 숨결이 느껴지는 작품과의 조우를 위해서 기다리는 표정마저 환하다.

　이곳은 2021 청주공예비엔날레가 열리고 있는 문화제조창 야외 광장이다.

　국가무형문화재 사기장 이수자인 아들이 도자기 체험 작가로 참여하게 되어 도우미로 동행했다. 올해는 전시 공간과 체험 공간이 분리되어 좀 더 체계화된 기획 구성이 되었다. 비엔날레의 주제는 '공생의 도구'다. 코로나로 상처 입은 세계인을 치유하는 희망과 용기의 메시지를 '공예'에 담고자 했다 한다. 본 전시, 초대국가관, 공모전, 공예마켓, 국제 학술회의, 크래프트 캠프, 충북공예워크숍, 미술관 프로젝트 등으로 나뉘어 진행되며, 코로나로 인한 새로운 일상, '뉴 노멀'의 삶에 중점을 두었다고 한다. 이번 비엔날레 1부는 노동으로 사물의 고고학, 2부는 생명으로 일상의 미학, 3부는 언어로 감성의 분할, 4부는 아카이브로 도구의 재배치 순으로 기획되었다. 야외 광장에서는 공예마켓으로 도자, 목공, 유리 공예 등 다양한 체험 활동을 할 수 있고, '미술관프로젝트'에서는 국·공·사립 박물관 및 미술관 7곳과 연계 전시를 진행하여 지역 미술관과 함께 교감하며 예술을 탐색할 수 있는 기회를 마련했다.

  어린 시절부터 마로니에, 몽마르뜨, 샹젤리제, 이런 단어에서 풍기는 이국적인 뉘앙스에 묘한 낭만을 품곤 했다. '마로니에'라고 부르면 바바리 깃을 세우고 스산한 가을 길을 걷는 낭만이 느껴지지만, '갈잎 큰키나무'라고 부르는 순간 무뚝뚝한 나무 한 그루가 서 있을 뿐이다. 그때는 마로니에가 어떤 풀인지 나무인지도 몰랐다. 다만 "지금도 마로니에는 피고 있겠지. 루루 루루 루루루…" 라디오에서 흘러나오는 노래를 들으며 '쉽게 피고 바로 지는 나팔꽃 같은 꽃이겠거니' 하고 짐작했을 뿐이다.

  서울에 올라와 마로니에공원을 처음 찾았을 때, 아름드리 큰 키에 뾰족한 톱니 모양 잎사귀 일곱 장이 부채 살 모양으로 펼쳐져 칠엽수라는 이름을 가졌다는 사실을 알았다. 서울에 있는 동안 친구와 만나자는 약속은 무조건 마로니에공원이었다. 더구나 '예술가의 집'이 옆에 있어 문학 행사가 있을 때 종종 찾게 되었다. 나무가 생각처럼 아름다운 것도, 귀엽고 앙증맞은 것도 아닌 그저 이름이 차지하고 있는 동경이었다. 그때는 예술가의 집 담장마저 도시에서 벗어난 여행지의 낯선 정원처럼 신선하게 다가왔다. 마로니에 공원 벤치에 앉아 붉은 벽돌 벽을 타고 오르는 초록의 담쟁이 넝쿨을 바라보며, 예술의 씨줄과 날줄이 엮어가는 모습 같다고 생각했다.

  비엔날레 체험 부스에 와보니 마로니에 서너 그루가 그늘을 드리운 곳에 마련되어 있었다. 내게 낭만으로 자리한 마로니에로 말미암아 아들의 도자기 체험과 전시를 도와주는 일 외에 내심 추억을 더듬어 볼 기회가 되었다. 맞은편으로는 '국립현대미술관 청주'를 마주하고, 앞으로는 초록의 융단으로 잔디가 깔렸다. 이곳은 서울의 마로니에공원과 꼭 닮은 꼴이다. 아름드리 마로니에 세 그루가 줄 지어 있는 것부터, 서울의 마로니에공원이 서울대학교의 본관으로 근현대 문화유산의 요람이라면, 이곳은 옛 연초제조창이 있던 곳으로 예술과 공예 문화의 중심지이다. 서울의 마로니에공원에 낙가산과 산책로, 이곳에는 우암산과 둘레길, 서울에 한국방송통신대학교와 대학로, 이곳에 국립현대미술관, 청주대학교 예술대학로 등 두 곳은 데칼코마니다.

  서울 마로니에공원에는 문예회관 대극장과 소극장을 비롯해 젊은 이들의 춤과 노래가 공원 야외무대에서 이어지며 서울 시민의 꿈과 낭만이 어린 문화 예술의 거리로 독특한 분위기를 자아내고 있다. 이곳도 동부창고와 문화제조창에서 공연문화를 이끌어가는 중이다.

체험 부스 지붕 위로 툭툭 노크 소리가 들린다. 밤톨 같이 생긴 마로니에 열매는 색깔부터 밤색이다. 진한 초콜릿색에 아래쪽에는 흐린 빛으로 밤의 무늬를 꼭 닮았다. 대신, 밤처럼 뾰족한 꼭짓점이 없고 동글동글 광택이 난다. 분청 다구 옆에 올려 놓으니 도자기 빛과 잘 어울린다. 은은한 소색 찻잔 옆에서 다식인 듯 소품인 듯 제 몫을 한다.

하늘을 덮은 이곳 마로니에가 깊은 그늘을 드리운다.
이곳 문화제조창이 문화의 메카로, 예술과 문화의 울창한 숲으로 거듭나기를, 칠엽수 넓은 잎이 부채질을 하고 서 있다.

## 제4부

# 돌을별

날마다 돋을볕,
너를 맞아 나도 돋아나고 싶다.

# 돋을볕

고여 있던 나른한 통증과 음습한 진통제 냄새가 꾸역꾸역 머리를 든다. 먼저 일어난 통증이 건너편 침대에서 신음 소리를 내고 있다. 일어서는 통증에 눈만 뜨고 감지할 뿐, 할 수 있는 건 아무 것도 없다. 골반부터 다리 한쪽을 깁스로 묶어둔 무게는 전신을 내 의지로 꿈틀 할 수 없는 요지부동이다. 잠이 다독였던 찰나를 지나면 그저 견뎌 내야 하는, 두루마리 같이 흐물흐물 이어붙인 고통의 시간만이 길게 늘어뜨려 있다. 그 긴 시간 동안 나를 감싸고 있는 건 죽지 않으려면 감당해야 할 통증, 아니 차라리 죽는 편을 택하고 싶은 통증과 깁스한 석고의 철벽 같은 딱딱함이다.

누군가 어서 와서 커튼을 젖히고 창문을 열어주기만을 눈으로 갈구할 뿐이다.

드디어 한 줄기 갓밝이 새벽바람이 나무토막 같은 나를 와락 껴안는다. 열린 창문으로 부드럽게 밀려 들어오는 햇귀의 은총이 나를 향하면 비로소 '살아 있기는 하구나' 하고 생존을 감지한다. 어둠을 걷고 부드럽게 세상을 비추는 돋을볕이 칠흑 속 죽음의 통증을 밀어내며 '그럼에도 불구하고 살아 있음'을 비추는 유일한 위무이자 확신이다.

침대마다 크기만 다른 통증이 환자복을 입고 누워 있다. 무게만 덜하고 더할 뿐 그저 자생하는 통증에 항거할 방법도 능력도 없이 외마디와 신음 소리로 고통의 그래프를 숨 가쁘게 그리고 있을 뿐이다. 내 통증의 그래프가 조금 내려오면 건너편 신음 소리가 들리고, 내 그래프가 치솟을 땐 그마저 아무 소리도 듣지 못한다. 혈관을 관통한 하얀 물이 몸을 한 바퀴 돌면 다른 세상으로 건너온 듯 통증이 잠시 사그라진다. 통증 없는 편안이 낯설다. 구름 위에 누운 듯한 이 낯선 순간을 잡아 두고 싶다.

'행복의 비결은 더 많은 것을 찾는 것이 아니라 더 적은 것으로 즐길 수 있는 능력을 키우는 데 있다.'라고 한 소크라테스의 말에 밑줄을 치고 살았다. 아무것도 하지 않을 자유에 고개를 끄덕일 때는 적어도 내 수족을 내가 부리며 살아간다는 원초적 조건이 영위될 때의 오만이었다. 그 원초적 당연함이 가장 큰 인간다움이며 최대의 행복이었음을 통감한다. 통증과 대항하는 일만이 부여된 병상의 하루. 아무것도 하지 않을 자유와 아무것도 할 수 없음의 괴리는 상상조차 해보지 않은 낭떠러지다.

단 몇 초의 비껴감이 있었던들 피할 수 있었을 거라는 회환과 한탄은 어떤 불의의 사고에나 적중하는 사실이다. 아차 하는 한순간은 단단히 뿌리내린 많은 살아 있는 것들을 송두리째 뽑아서 내팽개쳤다. 그저 숨 쉴 수 있음에 감사하며 제자리에 다시 뿌리내리기를 기다리는 지난하고 팍팍한 고행의 하루하루다.

눈은 마음의 창이라 말하는 것은 여유로운 미사여구다. 몸의 어느 곳도 내 의지로 움직일 수 없을 때, 눈은 몸의 문이다. 눈을 뜨면 살아 있음이요, 눈을 뜨지 못하면 죽음이다. 눈을 뜨고도 더 확실한 살아 있음의 보고서는 햇살이다. 병실 창으로 쏟아져 들어오는 신문지 한 장 만큼의 햇살이 내 눈앞에 나타나는 살아 있음의 증표이다. 의사의 진단도 엑스레이의 현상도 이보다 더 정확한 증거는 없다. 내가 지금 이 자리에 햇살의 온기를 받아들이고 느끼고 있음, 그것만이 확실한 증명이요 증표다. 부서지고 찢어진 상처투성이 다리도, 그 상처를 보며 끝없이 무너진 가슴도, 햇살 아래 바짝 말리고 싶다. 그리고 밤이 오면, 꽃잎 닫는 나팔꽃 따라 통증도 오므라지기를 기도할 뿐이다. 캄캄한 땅속에서 씨를 깨워 잎맥을 따라 햇살의 길을 내어주듯이, 내 가느다란 실핏줄에도 싱싱한 햇살의 길이 스며들기를. 간구의 밤은 질기고 더디다. 백일 그리고 또 여러 날이 흘렀다.

휠체어의 도움으로 햇살을 맞으러 침상에서 병실 밖으로 첫 나들이를 나가던 날, 긴 병원의 복도를 빠져나가자마자 만난 정원의 측백나무 앞에서 나는 더 이상 나가지 못했다. 병실의 창틀에 비껴 들어온 햇살의 옆태만 보던 나는 햇살과 정면으로 마주하자 주체할 수 없는 감격으로 오열했다. 죽음에 닿았다 가까스로 돌아온 안도와 수없이 무너지고 일어서던 설움의 마디들이 봇물처럼 쏟아졌다.

고개를 들자 측백나무 상처 난 가지에 연둣빛 속잎이 뾰족뾰족 올라오고 있다. 햇살은 조용히 마른 가지에 속살을 키우고 있었다. 날마다 돋을볕, 너를 맞아 나도 돋아나고 싶다. 빛을 가리니 비켜달라고 한 디오게네스가 지금의 나보다 더 햇살이 간절했을까.

# 수선화

아름다운 것의 배후에는 간직하고 있는 아름다운 이야기가 있다. 봄이 되면 어떤 꽃보다도 가장 먼저 봄을 알리고 내 마음을 끌어당기는 꽃이 있다. 황금빛 꽃심에 둘러 핀 화사한 얼굴을 가만히 들여다보고 있노라면 마음 깊은 곳에 느낌표로 찍히는 꽃. 무슨 할 말이 있는 듯 고개를 살포시 숙인 모습이 애잔한 신비로움을 풍기는 건 수선화가 간직하고 있는 슬픈 이야기 때문이리라.

군대에 행정병 지원제도가 있던 시절 나는 챠트병 양성 기관에서 강사를 한 적이 있다. 대학 생활을 1, 2학년 다니다가 휴학을 하고 일정기간 이곳에서 글씨를 배우고 시험에 합격하면 군 행정병으로 보직을 받는 제도였다. 보병이 아닌 행정병이라는 매력으로 꽤 많은 이들이 거쳐 나갔다. 군대 가기 전에 배워서 합격이 되면 바로 입대하여 배치를 받게 되므로 글씨를 배우는 서너 달, 길게는 6개월 동안 정들

만하면 떠나보내는 안쓰러움을 자주 겪게 되었다. 합격이라는 기쁨과 입대라는 아쉬움이 늘 공존했다. 입영이라는 단어가 주는 공포와 두려움은 보내는 이에게도, 가는 이에게도 묘한 굴레 같은 슬픔을 주게 마련이다. 아무리 열심히 배워도 3개월 이상 6개월은 연습을 해야 합격할 수 있는 시험에 단 한 달 배우고 합격해서 3일 후면 입영하는 ㅊ의 생일에 초대되어 가는 길이다. 그는 유달리 정이 많고, 훤칠한 키에 잘 생긴 외모를 가진 데다 다방면에 재주가 많았다. 자기애가 강하면서도 외로움을 많이 타는 성향이었다. 퇴근이 늦어 못 간다는 나에게 올 때까지 기다린다는 간절함에 서둘러 나선 길이다. 시내에서 다소 떨어진 시골이어서 만나기로 한 ㅎ초등학교에 도착했을 때는 어둠이 내리고 있었다. 가로등처럼 환하게 반기는 그를 따라 논두렁을 걸었다. 개구리 소리가 오케스트라인 양 논둑길 양 옆으로 스테레오로 들렸다. 발소리가 나면 지휘봉을 따르는 듯, 뚝 그쳤다 다시 합창을 했다. 개구리 소리가 이렇게 아름다운 줄 처음 알았다며 고개를 숙이던 그가, 지금 생각하니 수선화의 고갯짓을 닮았다. 한 사람 다닐 만큼 좁은 논길을 따라 걷다 넘쳐 흐르는 봇물을 만났다. 맞은편에서 건네는 그의 손을 잡고 가까스로 건넜다. 잡고 있던 손을 다시 꼭 쥐었다 놓는다. 논둑이 끝나는 곳에는 개망초가 흐드러졌다. 메밀꽃보다 더 아름답다고 그가 말한다. 정말이지 보름달에 가까운 달빛 아래 펼쳐진 개망초 꽃의 무리는 소금을 뿌려놓은 것 같았다.

집에 도착했을 때 그의 어머니는 나만을 위한 상을 차려 놓고 기다리고 계셨다. 오늘이 생일은 아니고, 그래야 내가 올 것 같아 거짓말을 했다는 것을 알았다. 그의 방에 들어갔을 때 나는 적이 놀라지 않을 수 없었다. 네 벽면을 가득 채우고도 모자라 벽에 기대어 쌓아 둔 유화며 동양화 작품이 가득하다. 책 상위에는 쓰다만 원고들도 있다. 소설을 쓰고 있다고 했다. 그가 "선물이에요."라며 가리키는 이젤에는 내가 봐도 나라고 느껴지는 내가 액자에 들어 있었다. 군대 가기 전에 완성하려고 밤마다 그랬다고 했다. 학원에서 그날 만난 내 모습을 떠올리며 덧칠을 해나갔다고 했다. 그리고는 자기가 좋아하는 꽃이니 나도 좋아할 거라며 미리 준비해둔 노란 수선화를 한 아름 내게 안겨 주었다.

입영 전에 늘 덕분에 합격했다는 고마움의 표시로 작은 선물을 건네받고는 했지만 그날의 선물은 특별했고, 긴 여운은 지금도 여전하다.

짝사랑을 견디다 못한 숲과 샘의 요정 에코는 네메시스라는 복수의 여신 아프로디테에게 나르키소스도 짝사랑의 아픔을 똑같이 알게 해달라고 부탁한다. 그 후 수많은 처녀와 요정들의 구애에도 불구하고 물에 비친 자신의 모습을 사랑하게 되는 소년. 맑은 호수에 비친 자신의 모습에 가까이 다가가면 파문과 함께 흩어지고, 멀리 물러나면 이내 보이지 않는다. 결국 자신의 모습에 반해 물속으로 뛰어들어 죽음을 맞는다. 빼어난 아름다움을 지닌 나르키소스는 그를 사랑했던 요정들이 죽음을 슬퍼하여 모여든 곳에 다소곳이 한 송이 꽃으로 피어나니 수선화, 나르키소스다.

수선화 꽃말은 '자기 사랑(자기애, 나르시즘)', '이루어질 수 없는 고결한 사랑', '신비로움'이라는 의미를 담고 있다.

꽃의 아름다움은 대부분 여성에 비유된다.

유독 가냘픈 꽃대로 불어오는 바람에 살랑이는 여린 수선화는 왜 미소년이었을까.

아름다운 소년에 비유되는 수선화의 유래에서 내게 수선화를 안겨주던 첫을 떠올린다. 자기애를 꼭 껴안고 외로움에 흔들리던 첫은 지금쯤 굵은 대궁을 곧게 세우고 마음껏 재주의 꽃을 피우며 살고 있겠지.

# 운무 내린 날, 청태전

하늘이 내려와 산을 업었다. 한여름 태양을 이마에 얹고, 푸름을 키워낸 산을 쓰다듬어 준다. 자비롭게 굽어보던 하늘은 이따금 면사포를 쓰고 친히 산 중턱까지 내려온다. 산보다 너른 품으로 산을 안아 다독이고, 업어서 토닥인다. 잔잔한 호수도 하늘이 내려오는 날엔 물질을 하지 않고, 은빛 커튼을 내리고 온전한 휴식을 취한다. 하늘은 주로 비온 다음 날 이른 아침 발소리도 나지 않게 사뿐히 내려앉았다가 시나브로 자리를 뜬다. 사람만이 한 치 앞이 안 보인다고 더듬거리고 우왕좌왕 할 뿐 산도, 들도, 호수도 오수를 즐기듯 고요한 안식의 시간을 갖는다.

내게 있어 이런 날은 청태전과 함께 하는 날이다. 옅은 안개가 둘러주는 가림막은 묵상하기 좋은 아늑하고 고즈넉한 골방이 되어 준다.

찻물을 올리고 창밖을 본다. 하늘도, 구름도, 산도, 안개 속에 드리워져 경계 무너진 너르고 포근한 품이다. 네오내오없이 언저리를 허물고 서로가 서로에게 스며들었다. 눈에서 지워진 아슴푸레한 모든 것은 평온의 품에 안겨 있고, 눈앞에 보이는 나무 몇 그루와 꼬리를 감춘 길조차 태고의 신비를 머금은 정물로 놓여 있다. 내 안에도 안갯빛 고요와 침잠이 고여 든다. 찻물 끓는 소리만이 정적을 두드린다. 소나무 숲에 바람 부는 소리를 내던 찻물 끓는 소리가 세찬 소나기 퍼붓는 소리로 끓어오르다 뚝 그치자 주위는 다시 잔잔한 고요의 바다다. 솜털 위에 앉아 있는 듯 주위는 조용하다.

청태전靑苔錢 한 알을 꺼내 앞뒤로 살짝 구워내자 깊은 차향이 벌써 그윽하게 퍼진다. 이렇게 불맛을 입히면 풋내는 사라지고 청태전 고유의 향과 풍미가 깊어진다. 탕관에 넣고 차가 끓는 동안에는 늘 듣고 싶은 음악이 있다. 아말리아 로드리게스의 〈어두운 숙명〉이다. 특히 비가 오거나 안개 낀 날, 차와 함께 듣는 그녀의 한이 투영된 음색은 내게 눈물의 정화를 맛보게 한다. 가슴 밑바닥부터 차오르는 슬픔이 안개처럼 잡히지 않아 애절하다 못해, 어두운 숙명조차 고개 들어 하늘을 보는 묘한 승화의 힘을 가졌다. 운명의 굴레와 같은 포르투칼의 바다와, 눈앞에 펼쳐진 안개의 바다가 그녀의 목소리에 절절하게 파고드는 동안 차가 익는다.

맑은 다갈색 차 한 잔을 따른다. 곱게 우러난 빛깔을 들여다보니 탁한 눈이 시원하다. 잔을 드니 콧속을 파고드는 농익은 차향이 폐부까지 스며든다. 한 모금 마시니 향긋한 과일 향과 함께 발효차의 묵직하고 깊은 향이 첫맛은 부드럽고, 다음 맛은 진하고 감미롭다. 떡차는 우릴수록 깊어지고, 나 또한 나의 깊은 안쪽을 들여다보게 된다. 젖은 날은 더 젖게, 맑은 날은 더 맑게 가슴을 데우고 촉촉하게 해주는 청태전의 매력이다. '마시는 골동품'이라 하는 청태전은 묵은 시간만큼의 깊은 여운이 입안에 감돈다.

청태전은 우리나라 고유의 전통발효차로 전차錢茶, 병차餠茶, 단차團茶, 떡차, 덩이차, 돈차 등 삼국시대부터 1200여 년을 이어 온 역사만큼 이름도 다양하다. 장흥 보림사 부근에서는 청태전靑苔錢, 강차綱茶, 곶차串茶라 하고, 강진 지역에서는 백운옥판차, 금릉월산차라고 한다. 푸른 이끼가 낀 것처럼 보인다고 해서 '청태전'이라는 이름을 얻었다.

청태전은 찻잎을 그늘에서 시들게 한 후 수분을 제거하고, 떡처럼 시루에 찐 찻잎을 절구에 찧어, 틀에 넣어 박아낸 후 3년 이상 자연 발효시킨 차다. 일정한 모양으로 빚은 차의 가운데에 구멍을 뚫어 꼬챙이에 끼워서 대나무 상자나 항아리에 넣어두거나, 실로 꿰어 걸어두기도 한다. 발효 과정을 거쳐 시간이 쌓이면 산화와 숙성이 계속되어 깊고 풍성한 맛과 향을 낸다.『세종실록지리지』,『경세유표』,『동국여지승람』 등에 '신라 시대에 보림사에서 청태전이 처음으로 재배됐다'는 기록으로 보아 그 유래를 짐작할 수 있다. 특히『세종실록지리지』에는 '전국 19개소의 다소茶所, 차를 생산하는 곳 중 13개소가 장흥에 존재했었다'는 기록이 남아 있어 신라 시대부터 조선 시대까지 장흥이 차 문화의 중심지였다는 것 또한 알 수 있다. 장흥 일대는 제반 자연적 입지 조건이 다전 분포에 적합해 가장 많은 자생 면적을 가지고 있다. 깊은 내력과 함께 청태전은 그 순하고 부드러운 맛이 속을 따뜻하게 데워 주어, 약이 귀하던 시절 아이가 아플 때면 약 대신 끓여 주던 '약차'였다.

떡차의 역사는 다산 정약용 선생이 강진 백운동 이시헌에게 보낸 편지에서 그 제조법을 엿볼 수 있다.

"모름지기 세 번 찌고 세 번 말려 아주 곱게 빻아야 하고, 반드시 돌샘 물로 고루 반죽해서 작게 떼어 떡으로 굳혀야 차져서 먹을 수가 있다."

나이가 들어 기운이 쇠약해진 병든 몸을 지탱하는 것으로 다산이 마신 떡차는 체증을 내리는 약이었음이 짐작된다. 다산의 강진 유배 18년간 제자들과 맺은 인연으로 결성된 '다신계茶信契'는 오늘날까지도 가장 아름답고 고매한 사제 간의 신의와 끈끈함으로 전해진다. 스승인 다산에게 해마다 차를 만들어 1년간 공부한 글과 함께 보내기로 한 약속을 평생 지켰고, 집안에 전승되어 100년 이상 지켜 왔다. 떡차의 깊게 우러난 맛처럼 뭉근하고, 청태전 천년의 은은한 향기처럼 가슴 뭉클하다.

선생이 즐기던 그 시절로부터 쌉싸름한 시간이 흐르고, 지금 내 앞에 그날의 돌샘 물은 아닐지라도 단맛 나는 그날의 떡차와 마주할 수 있음은 꽃잎 같은 시간이다.

탕관의 차는 여전히 끓고, 차향은 점점 깊어진다. 온 산을 감아 돌던 운무가 서서히 걷히고, 찻주전자에 뽀얀 안개가 피어오른다. 스산하던 마음자리에 떡차의 위로가 향긋하다.

# 차 그리고 술

알맞게 식힌 물을 부어 차를 우린다.

물은 불을 만나 제 몸의 열기에 정점을 찍고 서서히 온도를 낮춘다. 차는 그 순화된 물을 만나 제 몸을 푼다. 가만히 다관을 들어 두어 번 돌려주자 찻잎은 돌돌 말아 깊숙이 감춰두었던 은밀한 색, 향, 미를 고스란히 쏟아 놓는다. 찻잎을 만난 물과 물을 만난 차는 상대를 온전히 받고 자신을 오롯이 내놓아 '신이 주신 선물' 천상의 차가 된다. 더함도 덜 함도 없이 차는 물의 신神이 되고, 물은 차의 몸體이 되어 맑게 괴어든 연둣빛 찻물을 찻잔에 가만히 따른다.

조르르 흐르다 또르르 구르고, 마지막 옥구슬로 똑똑 떨어지는 찻물 소리에 귀를 씻는다. 찻잔에 반 남짓 찻물을 따르고 남은 잔의 여백에 마음을 채운다. 하얀 구름의 속살처럼 순백의 찻잔에 얼비치는 비췻빛 탕색으로 혼탁해진 눈이 환해진다. 잔을 들어 가까이하자 코를 스치는 깊고 푸른 향이 폐부 깊숙이 스며든다. 차가 지닌 고유한 향이 달무리처럼 온화하게 나를 감싸 안는다. 체온처럼 데워진 찻잔이 입술에 닿자 아늑한 평온이 펼쳐진다. 첫 모금을 머금으니 배릿하고 향긋한 향이 입안에 퍼진다. 두 번째 잔을 기울이니 목을 타고 가슴을 지나 전신으로 파고든다. 나머지 남은 잔을 마저 마시니 실핏줄을 타고 온몸 구석구석 스며들어 몸도 마음도 날아오를 듯 가볍다. 차를 마시며 나누는 담소는 밤이 깊을수록 맑은 호수에 떠다니는 오리처럼 다정하고 자유롭다. 물처럼 유연하고, 호수처럼 담담하고, 풍경처럼 평화롭다. 이야기는 무르익어도 조용하고, 고요한 가운데 물처럼 흘러 동중정動中靜 정중동靜中動의 차분한 경지가 된다.

박영희 선생은 차를 아홉 가지 덕 — 머리를 맑게 하고, 귀를 밝혀주고, 눈을 밝게 하고, 입맛을 돌게 하고, 고달픔을 도와주고, 술을 깨게 하고, 잠을 적게 하고, 갈증을 풀어주고, 추위와 더위를 이겨낸다 — 으로 칭송했다.

얼기 직전 차디찬 술병 뚜껑을 비틀어 딴다.

하늘로 치켜세웠다 땅으로 곤두박질쳤다 언 것과 차가운 것의 위아래를 뭉개고, 오늘은 있어도 내일은 지워버리자는 듯 수직으로 흔들어 섞는다. 잔은 채워야 정이라며 차고 넘치게 채운다. 작은 잔, 큰 잔이 서로 이마를 부딪는 소리와 외치는 건배사로 흥을 돋운다. 왁자하고 떠들썩할수록 술자리의 흥은 일어나고 "캬!" 하고 단숨에 털어 넣고 "이 맛이야!" 하는 감탄사는 안주다. 빈 술잔은 술상을 탁 호기롭게 내려치고 다음 잔을 받아야 술맛이다. 술자리는 길게 끌수록 언성이 높아지고 중언부언 말하는 사람도 듣는 사람도 혼돈의 경지에 다다른다. 맑은 정신으로 살아남을 수 없는 혼탁한 세상을, 차라리 혼탁한 내가 되는 편을 택하기라도 한 것처럼. 경지가 깊어질수록 장마 뒤 뿌연 호수에서 지푸라기라도 잡아보려 허우적거리는 오리가 되어 목소리도 걸음걸이도 중심을 잃고 갈지자를 그려댄다.

사람이 술을 마시고, 술이 술을 마시고, 술이 사람을 마신다고 한 『법화경』의 말씀 그대로다.


차도 술도 물이 빚는다.

차는 차갑게 태어나서 불을 담아 따스하게 순화된다. 그 온기는 우리 몸에 들어가 열과 화를 다스리며, 넘치고 모자라는 것의 중심을 세워 중용의 덕을 선사한다.

술은 차갑게 마셔서 열기와 화기를 발산한다. 그 열기는 우리 몸에 들어가 열을 내고 체온을 높여준다. 병약한 피부는 화색이 돌고, 예민한 신경은 모서리를 굴려서 수굿하게 해준다. 축 처진 어깨를 번쩍 들어 올려 안하무인 지경에 닿는 서울 구경을 선사하기도 한다. 차와 술은 똑같이 불을 담은 물이요, 불을 건너온 물이다.

차도 술도 기다림의 산물이요, 오묘한 향과 색을 담은 신비의 물이다. 차가 거친 제도, 술이 거친 주조도 법과 원칙의 통과의례를 밟아야 탄생한다. 차에는 다례가 있고 술에는 주도가 있다. 만들 때도,

다룰 때도, 마실 때도 예와 격을 갖춘다. 그 조절의 수위에 따라 몸과 마음에 격조를 높이기도 하고 실추시키기도 한다. 옹졸한 마음을 대범하게도 하고, 울화와 격정을 가라앉히기도 한다. 초라하고 우울한 기분을 끌어올려 배짱과 오기를 불어넣기도 하고, 분노와 건방에서 나를 들여다보는 자기 성찰의 시간을 제공하기도 한다. 차에 취하면 비움과 맑음의 대나무처럼 꼿꼿해지고, 술에 취하면 채움과 넘침으로 버드나무처럼 흐느적거린다.

차는 입안에 머금어 부드럽게 천천히 음미하는 맛이고, 술은 톡 쏘면서 빠르게 넘어가고 화끈 달아올라야 맛이다. 차는 고요한 가운데 마음을 내리는 윤활유이고 술은 호탕한 분위기 속에 기분을 끌어올리는 윤활유이다. 차와 술은 노동과 쉼을 연결하는 고리이며, 오늘의 휴식을 통해 내일을 위한 도약의 도구이다. 소통과 친교의 오아시스며 여유와 여가의 갈증을 풀어주는 샘터이다. 어떤 이는 차를 다반사로 마시다 특별한 날 술을 즐기고, 어떤 이는 술을 밥처럼 먹다가 차는 행사 때나 특별한 날 얻어 마신다. 차는 제대로 즐기면 유토피아에 이르러 구름 위를 딛는 신선의 경지에 오르기도 하고, 술이 사람을 마시면 아득한 늪에 빠져 허우적거리다 '술 먹은 개' 대접을 받기도 한다.

선택과 절제의 묘가 약과 독의 바로미터다.

# 유천수 돌확에 고인 별빛처럼

차창 밖으로 굽이굽이 물결치는 차밭이 윤기 흐르는 이파리마다 햇빛에 반사되어 차마 눈부신 초록의 물결이 장관으로 펼쳐지고 있다. 오월의 훈풍이 한 줄기 지나갈 때마다 초록의 파도가 일렁이며 싱그럽기 그지없다.

아, 축복의 땅, 남녘.

육우陸羽도 『다경』에서 '남쪽의 상서로운 나무'라 했고, 초의草衣 스님께서도 '하늘이 내린 신령스런 나무'라 극찬하신 차나무가 마당에서 밭으로, 밭에서 산으로 이어지며 상록의 향연이 사시사철 출렁이는 곳, 굽이치는 지리산 자락의 차밭을 달리며 남편과 나의 마음은 벌써 일지암一枝庵, 그곳에 닿아 있다.

우리 차의 다성茶聖 초의 스님께서 40여 년 머무시며 수행하시다 열반에 드신 곳, 거기 엔 초의 스님의 다맥을 이어가시는 은사 스님께서 계시는 곳이다.

먼저 차 자리에서 오늘날 커피포트로 대신하는 차화로의 문제점을 말씀하셔서 몇 달을 고민하고 정성을 쏟아 완성된 분청차화로를 가마에서 꺼내자마자 일지암 은사 스님께 가는 길이다.

곤륜산 줄기 뻗어 내린 남쪽 땅 끄트머리 해남, 두륜산 깊은 골짜기 관음봉과 두륜봉이 장엄한 기세로 솟아 있고, 크고 작은 봉우리마다 그 모습이 어찌 이리도 수려한지, 그 빼어난 정기가 고스란히 서린 대흥사에 이르니 국내 사찰 가운데 최대 규모인 고승의 부도탑이 장엄하게 모셔져 있다. 잠시 사리탑 앞에 옷깃을 여미고 합장을 올린 후 일지암으로 오른다.

숲이 이룬 터널은 솔향 그윽한 길이 되고, 산새 소리 햇살처럼 부서져 내리는데, 그 옛날 초의 스님께서 오르셨고 은사 스님께서 걸으시는 이 길을 지금 오르고 있다고 생각하니 가슴이 벅차오른다. 구불구불 산길을 따라 얼마를 올랐을까, 단아한 자우홍련사紫芋紅蓮社와 빗질한 듯 차분한 초가 한 칸의 일지암이 소박하고 정갈한 모습으로 그린 듯 자리하고 있다.

"내 항상 생각하거늘 저 뱁새도 한 몸 쉬기는 한 가지일 뿐이구나"라고 노래한 한산寒山의 시구처럼 욕심을 버린 무소유의 경지를 몸소 가르치신 한 자락 풀옷의 의미를 새삼 돌이키며 숙연해진다.

자우홍련사 누마루에 올라 가져온 분청다로와 탕관에 유천수 찻물을 올린다. 병풍처럼 둘러쳐진 두륜산 봉우리에 안긴 하늘은 호수처럼 잔잔히 고인 듯 떠 있고, 녹음 우거진 숲에서는 매미 울음소리 폭포인 양 쏟아진다. 풀 먹인 삼베처럼 쨍쨍하던 여름볕도 물 뿌린 듯 수그러지고, 풀 내음 물씬 묻어나는 산바람과 비릿한 바다 바람이 어우러져 불어오니 오장이 씻기는 듯 상쾌하기 이를 데 없다. 누마루 아래 뜨락에는 산에서 흘러내린 맑은 물에 몸을 담근 수련이 못을 이루고, 연못을 에워싼 섬돌 사이 넓적한 돌에 '다합茶盒'이라 새겨진 글씨가 이곳이 차의 성지임을 오랜 세월 묵묵히 말하고 있다.

멀리 남해의 수평선을 바라보니 외로운 추사의 유배 시절 차茶를 품고 저 넓은 바다를 건너 제주도까지 가셨다는 초의 스님과 "어느 겨를에 햇차를 천리마의 꼬리에 달아서 다다르게 할 것이냐"고 윽박 편지를 보낸 추사 선생과의 녹찻빛 고매한 우정이 푸른 물결처럼 깊기만 하다. 초당 뒤편으로는 「동다송」을 부탁한 해거도위 홍현주海居都尉 洪顯周에게 '보내주고 싶다'고 하셨다는 최고의 물맛을 자랑하는 유천수乳泉水가 바위틈에서 흘러나와 돌확을 징검다리 삼아 채우고는 넘치고 넘치고는 또 흐른다.

육우의 『다경』에도 '물은 산수가 상품이요, 산수는 젖샘이나 돌로 된 곳에서 천천히 흐르는 것이 상품'이라 했으니 이곳 일지암의 유천수를 이름인 것 같다.

주자朱子의 "작은 연못이 거울처럼 펼쳐져 하늘과 구름이 함께 어리어 묻노니, 어찌 그 같이 맑은가, 근원으로부터 끊임없이 내려오는 물이 있음일세"라는 노래 속 '작은 연못'이 마치 '돌확에 고인 유천수'를 표현한 것만 같다. 거문고도 맑은 물소리를 듣고 자란 오동 나무로 만든 것이 최고의 소리를 낸다 하거늘 젖처럼 달콤한 유천수를 자양분으로 자란 이곳의 차나무야말로 색·향·미·기를 고루 갖춘 최고의 차가 아니겠는가.

"차 맛은 물맛이라 차는 물의 신이요茶者水之神, 물은 차의 몸水者茶之體"을 강조하시던 스승님의 말씀을 다시 한 번 되새겨 본다.

스승님께서 직접 덖으신 우전차雨前茶에 잘 끓인 유천수를 붓자 은밀히 숨겨 두었다 펼친 듯 물씬 풍겨오는 그윽한 차향! 이 아련한 향기를 중국의 임어당은 "어린애의 살결 냄새"라 표현하고 코로 맡는 것으로는 모자라 귀로 듣는 문향聞香이라 했는가 보다. 비췻빛 곱게 우러난 차 한잔의 온기가 손끝으로 전해지며 한 모금 머금으니 입 안 가득 차향이 퍼진다.

"차 한 잔에 녹아 있는 이 오묘한 다섯 가지 맛이 인생의 맛과 똑같아. 차인이란 일상에서 다반사로 차를 즐기며 자기 분에 족할 줄 알고 자신의 삶을 청청하게 가꾸어 나가는 것이야."

스승님의 말씀을 듣고 있노라니 산자락으로 넘어가는 해가 못내 아쉬운 듯 보랏빛 채운을 곱게 수놓더니 이내 잘 익은 오딧빛 어둠이 차곡차곡 쌓인다. 어둠이 짙어지니 사위는 잠자는 듯 조용해지고 밤 하늘에 하나둘 뜨는 별이 어느새 돌확 속으로 쏟아져 내려와 은하의 물결로 여울져 흐른다.

타포니 암석처럼 울퉁불퉁하던 내 마음도 갓 쪄낸 백설기 단면처럼 고르고 촉촉한 평화가 자리 잡는다.
또 한 잔을 기울인다.
입을 씻고 가슴을 적신 찻물이 온몸을 타고 돌아 구석구석 스며들더니 내 안의 잠자던 무기력이 영롱한 별이 되어 떠오른다.
냉정하지만 치우치지 않는 중용의 별,
담담하지만 비워 내는 여유의 별,
자유롭지만 삼가는 사유의 별,
고요하지만 또렷해지는 다짐의 별.
이 밤 일지암 차 자리에서 떠오른 내 안의 별은 사는 동안 나를 지켜주는 북극성으로 내 가슴에 늘 총총히 빛나리라.

# 솔바람 소리, 찻물 끓이는 소리

　울타리가 없는 우리 집은 마당 끝자락부터 소나무 숲이 열두 폭 병풍을 펼쳐 놓은 듯 두 팔을 벌려 감싸 안고 있다. 수십 년 묵은 조선 솔이 빼곡히 들어 박혀 한 그루 한 그루가 청렴한 선비의 기품으로 고고하게 서 있다. 눈보라 혹한에도 주저하기는커녕 오히려 그 기백이 되살아나 겨우내 푸른 숲을 이루니 세한삼우 중에서도 단연 으뜸이라 하겠다.
　나는 자주 소나무 아래 선다.
　마당에 풀을 뽑다가도, 떨어진 낙엽을 쓸어 모으다가도 어느 새 발걸음은 솔숲으로 향한다. 소나무 숲에 바람이 분다. 송풍松風이다.
　솔숲에 발을 딛자 송홧가루처럼 솔향기가 자욱하게 퍼져 그 상쾌함이 머리에 꽂히는 듯 정신이 맑아진다.
　잔잔한 물결이 산기슭을 핥는 소리일까.
　백조가 하얀 날개깃을 고르는 소리일까.

아니 이슬 밭을 뒤적이는 바람의 발자국 소리일까.

솔가지가 바람을 타고 연주하는 수만의 소리가 솔숲 가득하다.

그 속삭임에 실려 오는 싱싱한 솔향기는 삶의 노곤함에 지친 몸을 씻고, 귀를 씻어 주어 나도 한 그루 소나무가 되어 거기 그렇게 서 있게 한다. 솔향기에 취해 얼마를 서 있었을까, 저녁 산새들의 지저귐이 구슬처럼 부서져 내린다. 잠시 두륜산 아래 소나무 숲에 자리한 초의선사의 초당에라도 다녀온 듯하다.

어느덧 어둠이 밀려와 솔숲 구석구석에 파고든다.

차 한잔이 그립다.

차실 문을 밀고 들어서니 문은 고리 걸려 닫혀 있었건만 어둠은 그곳에도 온전히 들어와 있다. 불을 켜자 창호지로 감싼 전등은 복숭앗빛 온화함으로 어둠과 금세 손을 내밀어 부드럽게 퍼져 나간다. 어머니의 치마폭처럼 포근하게 가지를 드리운 소나무 한 그루가 의연한 모습을 드러낸다. 소나무를 좋아하는 우리 내외가 차실 한 가운데 소나무를 모셨다. 뒷산을 벌목할 때 벤 생소나무를 그대로 되살려 그 아래에서 차를 즐기며 소나무처럼 푸르기를 소원하여 모셔 놓은 차실 지킴이다. 소라껍질에서 파도소리가 들리듯 차실에서도 이 소나무 아래 서면 솔바람 소리가 들린다.

주전자에 찻물을 올린다.

물이 데워지며 주전자 바닥에 물방울이 맺힌다. 들릴 듯 말 듯 하던 소리가 "쐐~" 하며 잦아들어 게눈 같던 물방울이 탕관 바닥에 어느덧 가득 채우는가 싶더니 물고기 눈만큼 커지며 위로 차고 올라오기 시작한다. 방울방울 여울지던 것들이 구슬을 꿰어 놓은 듯 꼬리에 꼬리를 물고 앞다투어 부상한다. 또르르 구르는 소리를 지나 떨리는 소리로 차오르는 물방울들이 주전자 가득 꽃으로 피었다 꺼지고 다시 또 떠오른다. 물이 끓어오르자 초가집 저녁연기처럼 피어오르던 수증기가 우윳빛 구름이 되어 어둠 속으로 흩어진다. 샘솟듯 끓어올라 파도치고 출렁이며 말이 휘몰아치듯 수만의 물 입자가 북을 치듯 요란하다. 이름하여 등파고랑騰波鼓浪을 이루더니 탕관 안에 무수한 가랑비가 되어 내린다. 폭풍 뒤의 고요다. 이때가 되어야 차를 우리기에 가장 순한 물이 된다.

송풍성松風聲이 들린다.

솔숲에서 불어오던 솔바람 소리가 지금 물이 끓고 있는 주전자 속으로 고스란히 쏟아져 들어온 것이다.

이 미묘한 삼매음이야말로 인간의 번뇌를 씻어주는 절정의 소리요, 인간만이 듣고 누릴 수 있는 최고의 음률이라고 말씀하시던 스승님의 말씀을 되새겨본다.

소나무에 바람이 스치는 소리, 송풍성松風聲!
전나무에 빗방울이 떨어지는 소리, 회우성檜雨聲!

찻물 끓이는 소리를 들으며 '소나무에 바람 부는 소리' '전나무에 빗방울이 떨어지는 소리'를 읽어내고 고요히 우러나는 선의 극치에 이르는 선인들의 경지는 얼마나 높고 깊은 것이었을까. 소나기 빗발 치던 요동이 가라앉고 잠잠한 바다에 동중정의 고요가 흐른다. 이때가 차를 우릴 수 있는 결숙이요, 순숙이다. 여기서 너무 오래 끓으면 노수가 되고 송풍성에 이르지 못한 물은 맹탕이 되어 차의 참맛을 느낄 수 없는 것이다.

모든 익은 것은 고요하다. 원숙한 것은 조용하다.

잘 익은 물로 곱게 우러난 차 한 모금 머금으니 입 안 가득 향기로 움이 퍼져 목젖을 타고 넘어 간다.
어둠도 깊으니 앙금처럼 가라앉아 평온하다.
세차게 끓어오르다 잠자듯 고요한 정점이 찻물의 온도라면 우리네 인생도 좌충우돌 살아가다 차 한잔과 마주한 지극한 고요야말로 참나를 들여다보는 한 마음의 극치가 아닐까.
귓전에는 끊임없이 솔바람 소리가 들려온다.

# 박꽃처럼 피어나는 빛깔, 한지韓紙

 쪽빛 하늘이 차일처럼 펼쳐지고, 감귤빛 햇살이 눈부시게 부서져 내려 마지막 익어가는 열매들에 속속들이 단물이 배도록 따사롭기 그지없다. 한 줄기 바람이 스쳐 지날 때마다 화답이라도 하듯 마당 끝에 서 있는 은행나무는 노란 잎을 한 줌씩 뿌려준다.

 어제는 날이 흐리고 비까지 뿌리더니 오늘은 맑게 개어 볕 좋고 간간히 바람까지 불어 주니 문을 바르는 날로는 안성맞춤인 택일을 한 셈이다. 한옥으로 이사 온 후, 봄가을로 빛바랜 창호지를 뜯어내고 새로 문을 바르는 일이 김장하는 일 못지않게 내게는 큰 살림살이요, 연중 치러야 하는 행사가 되어 버렸다. 아침 일찍 풀을 쑤어 조물조물 덩어리지지 않게 곱게 주물러 놓고 돌쩌귀를 들어 문을 떼어 내는 일이 우선이다. 문을 들면 문설주에 붙은 암돌쩌귀에서 문짝에 부착된 끝이 뾰족한 수돌쩌귀가 쏙 빠지면서 문이 쉽게 떼어진다. 작은 쇠붙이 한 짝으로 이렇게 간단하고도 과학적인 방법으로 문을 달고 떼고, 열고 닫는 수단을 생각해 낸 선조들의 지혜가 새삼스럽기만 하다.

　문을 바르는 일보다 더 어렵고 더딘 일은 문종이를 떼어 내는 일이다. 두 계절을 문살에 붙어 있던 문종이는 물부리개로 흠씬 물을 뿌려 불린 후에 칼끝으로 하나씩 긁어낸 후 문살을 볕에 말려 주어야 한다. 여닫음이 잦은 문은 고운 망사를 바르고 문종이를 바르기 때문에 떼어 내기는 수월하나, 문종이가 붙은 망사를 물에 불려 일일이 붙어 있는 종이를 헹궈 내고 다시 붙여야 하니 여간 번거로운 일이 아니다. 그러나 한번 바르고 나면 두 계절 동안 따스함과 정겨움의 혜택을 누릴 수 있으니 이런 수고쯤은 능히 치르고도 남을 만한 가치가 있는 셈이다.

　물뿌리개로 물을 뿌리자 가을 햇살을 받은 물 입자들이 공중에 오색 무지개를 그리며 은하수처럼 흩어져 내린다.

　문종이를 뜯으며 '종이는 인간을 닮았다'는 말을 되새겨 본다. 종이는 우리 인간처럼 작은 충격과 시련에도 쉽게 상처 받고, 아파하고 구겨지지만 여러 겹 모일수록 질겨지고 강해져서 놀라운 힘을 발휘한다. 또한 어느 자리에서 어떻게 쓰이느냐, 무엇이 담기느냐에 따라 그의 수명과 가치는 결정된다. 좋은 글, 좋은 그림을 담아 자손 대대 보존되기도 하고, 한낱 한 번 쓰고 구겨지는 파지가 되기도 하고…

문틀에 맞도록 잘라 놓은 한지에 풀칠을 한다. 녹녹하게 풀기를 먹은 한지를 문틀에 맞춰 대각선으로 쓱쓱 쓸어 대칭을 맞추고 마른 걸레로 문살에 대고 꼭꼭 눌러 붙인다.
 문종이를 바를 때 중국이나 일본에서는 문살 밖으로 종이를 붙이는 데 비해 우리는 문살 안쪽으로 붙인다. 바깥에서는 문살이 주는 선의 아름다움을 느낄 수 있고, 안으로는 창호지의 면이 주는 아늑함과 편안함을 누릴 수 있는 장점이 있다. 이처럼 우리의 전통에는 작은 것 하나에도 격과 멋을 아우르지 않은 것이 없다.

 문을 바르고 나면 문틀 네 귀퉁이에 맞춰 종이를 잘라서 폭의 반은 풀칠해서 문틀에 붙이고 반은 접어 문풍지를 바른다. 문틈으로 들어오는 바람을 타고 때로는 정겹게 노래하고, 때로는 구슬프게 울어 줄 문풍지. 문 밖의 바람에 맞추어 가닥가닥 파들파들 흔들리는 문풍지. 내 기쁠 땐 바람과 합주하듯 음악처럼 들리고, 내 슬플 땐 젖은 목소리로 낮게 떨려 가슴을 저미고, 내가 정다울 땐 포르르 떨리며 품속처럼 파고드는 사랑스런 소리로 다가온다.
 풀기를 머금어 나긋나긋하던 한지는 소슬한 바람결을 타고 흐르는 따사로운 햇살 아래 다림질한 듯 반듯하게 말랐다. 손톱으로 튕겨보니 가야금 소리인 양 맑고 청아하다.

 한지는 자연에 순응하여 방 안과 방 밖의 습기를 머금었다 뿜어줌으로써 습도를 유지시키며 기압 차이에 따라 환기를 조절해 주는 고품격, 고품질의 에어컨디셔너다. 한지로 바른 천장과 벽은 거문고 소리까지도 머금었다가 서서히 부드러운 여운으로 울려 소리의 음색까지도 조절한다 하니 우리 민족의 은근한 정서가 고스란히 녹아 있다.

 허리 펴고 우러른 푸른 하늘에 흰 구름이 뭉게뭉게 피어난다. 새로 바른 문은 하늘을 떠가던 구름 한 자락이 내려온 듯 티 한 점 없이 깨끗함에 눈이 부시다. 그 화사함을 아는 듯 하늘을 유영하던 고추잠자리 한 마리가 문 위로 살포시 내려앉아 보다 제 풀에 놀라 휙 날아오른다. 바짝 마른 문을 제 자리에 찾아 걸으니 문종이를 투과한 석양빛이 방안으로 쏟아져 들어와 방안 가득 수 만송이 박꽃이 핀다.

 조명 같은 햇살이 쏟아지는 한낮에는 꽃잎 하나까지도 살아날 듯 선명히 드러나고, 저녁이면 비친 듯 가린 듯 빚어내는 실루엣이 은은하여 바라보는 것만으로도 위안이고 즐거움이다. 달빛 흐르는 밤이면 처마 그림자를 드리우며, 앞마당 감나무 그림자가 한 폭의 수채화를 그려내고 산새들 부리질까지 살갑게 전해주는 한지의 깊은 매력! 그 맛과 멋을 왜 우린 외면하고 사는 걸까.

 밀화 빛깔 장판에 문살 그림자가 정갈하게 얼비친다. 창호지엔 넘어가는 햇살의 기울기에 따라 그림자의 두께가 차츰 두꺼워진다. 세월의 흐름에 따라 애환으로 얼룩지는 우리네 삶의 더께처럼.

잃어버린 우리의 것을 찾아 갈고 닦는 온고지신의 마음이 저녁 햇살을 받아 박꽃처럼 피어나는 한지의 빛깔처럼 창창하다.

# 꽃을 담다, 꽃을 닮다

　비가 동이로 쏟아 붓는 듯하다. 비가 내린다는 표현은 한가롭기 짝이 없는 말이다. 장마의 소임을 완수하고야 말겠다는 오기가 뻗친 듯, 빗길이 아니라 물속을 달리고 있다. 3시간을 달리는 동안 앞이 보이지 않게 쏟아지는 비는 G학교에 도착해서도 그치지 않는다. G학교 학생들의 향학열과 멈출 수 없는 열정을 대변이라도 하듯이.
　경기도에 위치한 G학교는 베이커리카페과, 마케팅경영과, 패션산업디자인과, 앱서비스과로 편성된 명문 특성화고등학교다. '커지는 꿈, 새로운 미래, 학생이 웃는, 참 좋은 학교!'가 이 학교가 지향하는 슬로건이다. 꿈이 현실로 이루어지는 학교, 푸른 숲처럼 우거진 인재의 숲이라고, 이 학교 교장 선생님이 학교 소개를 하신다. 오늘은 베이커리카페과 학생들이 전통 떡 체험으로 꽃 송편을 만들어 보는 날이다. 교문에 들어서면서부터 눈을 마주치며 밝게 인사하는 학생들 모습에서 활기차고 예의바른 모습이 느껴진다.

교실을 들어섰을 때는 더욱 놀랍고 강사인 내가 으쓱해진다. 하얀 두건과 앞치마를 갖춘 학생들이 실습실에서 떡 만들 모든 재료와 도구를 갖추고 일렬로 도열해 있다. "안녕하십니까" 일제히 허리 굽혀 인사하는 태도에서 오늘 수업은 이미 최고의 수업 분위기다. 한마디 말도 놓치지 않으려고 귀를 기울였고 알아듣는 표정은 진지하다. 점심을 먹은 후 첫 시간은 일 학년이고 둘째 시간은 이 학년이었는데, 하나 같이 수업태도가 좋다. 밀가루로 빵을 만드는 원리나 쌀가루로 떡을 만드는 이치가 다르지 않으니 떡 만드는 솜씨 또한 일품이다.

대부분 점심 후 학교 수업은 조는 사람이 많고, 누구는 아예 엎드려 있고, 심지어 하기 싫은데 안 하면 안 되냐며 나가겠다는 친구들까지 있다. 실습 체험 강사 입장에서 참 난감한 일이다. 그런데 이곳 친구들은 졸기는커녕 시종일관 보석 찾는 눈처럼 초롱초롱하다. 질문도 많고 알려주지 않은 것까지 이렇게 해봐도 좋을 거 같다는 의견을 제안하기도 한다. 하나라도 더 전하고 싶은 욕구에 내가 더 신이 난다.

세상에는 하고 싶은 일과 하기 싫은 일로 구별된다. 대개 직업은 하기 싫은 일이며 취미는 하고 싶은 일이 된다. 하기 싫은 직업은 평생을 하고 살아야 하고, 꼭 하고 싶은 일은 취미라는 허울로 늘 뒷전이다. 돈 버는 일에 매달려 선심 쓰듯 잠깐의 짬을 내거나 그마저도 때 되면 하자고 벼르다 평생 해보지 못하는 경우도 많다. 어린 시절부터 우리는 하지 말라는 일과, 돈 다 벌고 나중에 하라는 원칙에 젖어서 산다. 아니 내 뜻대로 살아가기보다는 무엇을 위해 살아 내는 것이다.

내가 학생들과 만나는 수업은 대부분 전통 문화를 알리고, 전통의 소중함과 필요성을 일깨워 온고지신의 정신을 심어주고자 하는 교육이다. 그러다 보니 지루하거나 관심 밖의 일로 치부되기 쉽다.

이곳 G고등학교 학생들은 스스로 하고 싶은 일을 찾아서 평생의 직업을 갖고자 온 학생들이다. 평생 좋아하는 일을 하면서 돈도 벌려고 이 길을 택했다고 그들은 자신 있게 말한다. 얼마나 현명한 선택인가. 스스로 택한 길이기에 배움이 즐겁고 지루하지 않은 것이다. 내가 만들어서 내가 먹고, 내가 만든 음식을 누군가에게 제공하는 희열을 느끼며, 그런 날이 모여서 보람과 자기만족으로 인생을 채워 갈 것이다.

인문계 학교에서 수업을 하면서 적응 못하는 친구들과 상담을 해 보면 '하기 싫은데 부모가 시켜서 억지로 한다'가 대부분이다. 왜 부모는 그들에게 하기 싫으면 하지 않을 권리를 빼앗는 것인가? 왜 그들에게 하고 싶은 일을 찾을 기회를 주지 않는 것인가? 그렇게 해서 우리 부모는 '그들에게 얼마나 많은 그들의 인생을 소모하게 하고 있는가'라는 자책과 책임을 통감한다.

'젊음은 한때고, 공부도 때가 있으니 공부해라 공부해라' 대신, '젊음은 한때이니 젊을 때 너희가 하고 싶은 일을 마음껏 해라'로 바꿔야 하지 않을까?

분단별로 만든 꽃송편이 모락모락 김이 오를 때쯤 누구도 시키지 않았는데 작업대는 정리가 말끔히 되어 있다. 사용한 그릇과 도구들은 닦고 씻고 정리까지 속전속결이다. 고등학교 1, 2학년, 더구나 남자 아이들은 저 먹은 그릇 설거지도 제대로 못하는 요즘이다.

 참기름을 바른 꽃송편을 각자 접시에 가지런히 담는다. 접시가 꽃밭이다. 하나도 똑같은 꽃은 없다. 난생 처음 만들어 본 송편을 선생님 것, 가족 것, 친구 것을 챙겨 담아 나란히 진열한다. 꽃송편을 꽃처럼 담아내는 그들의 발그레 상기된 얼굴이 진짜 꽃이다.

# 책 읽는 바다

 이곳에 오면 바다가 책을 읽는다.
 해안을 따라 줄지어 선 소나무도 읽던 책을 한쪽에 쌓아 두고 잠시 눈을 들어 쉬고 있고, 비췻빛 하늘도 수북이 쌓인 책 박물관이 부러운 듯 호기심 어린 눈으로 내려다보고 있다. 읽어도 읽어도 줄지 않는 책을 머리맡에 밀어 두고 바다는 읽다 만 행간을 웅얼웅얼 철썩철썩 외우고 있다. 3년 전에 왔을 때도 지금도 바다는 책을 쓰고 책을 읽는다.
 당나라 때 이태백이 강물에 뜬 달을 잡으려다 빠져 죽을 만큼 경치가 빼어난 채석강彩石江과 그 비경이 닮아 채석강이라 부른다는 이곳을 나는 '책석강'이라 부르고 싶다.
 해풍에 실려 솔숲의 향기가 번져오는 이곳은 파도와 바람이 한 줄 한 줄 써내려간 자연의 역사가 한 층 한 층 포개져 있다. 높은 곳은 백 미터 높이까지 시간의 때가 배어든 고서들이 해안을 따라 수북이 쌓여 있다.

물이 빠지는 때를 기다렸다가 바위에 앉아본다. 다닥다닥 붙어 있는 따개비, 조개며 갯강구, 이름 모를 생물들이 보물처럼 즐비하다. 언젠가 친구와 방문했을 때는 날려갈 듯이 바람 불고 추운 날이어서 간신히 해식동굴 사이로 바라보는 노을과 낙조의 아름다움을 감상하는 것으로 만족했었다. 지금 떠올려도 그 광경은 황홀하기 그지없다. 책 더미를 헤치고 들어가다 만나는 동굴. 퇴적층이 빚어 놓은 기묘한 조각물 사이로 보이는 붉은 노을의 장관은 평생 가슴에 붉은 점으로 남아 있다. 그렇게 간직한 단심丹心은 글 쓰고 차 우리는 내 정성의 바탕이 된다.

오늘은 억겁의 시간이 만들어낸 신비로운 절벽의 서재를 감상하고 싶다.

떨어져 나가 앉은 물살이 잡힐 듯 밀려오다 다시 밀려간다. 짧은 시를 한 편 읽다 가는지 이내 파도 소리가 멀어진다. 파도가 읽고 간 페이지가 생생하게 젖어 있다. 좌우명을 발견하고 밑줄을 치고 간 걸까, 한 줄기 바닷물이 바위 위에 긴 선으로 누워 있다. 첩첩이 포개진 빛바랜 고서들의 수장고라 생각하니 물비린내에 섞여 어디선가 옛날 책방 냄새가 나는 것도 같다. 해변에 깔린 돌들도 펼쳐진 책의 한 페이지다. 바위마다 책장을 넘기듯 무수한 결과 결이 모여 이야기를 담고 있다. 언제든지 파도는 밀려와서 급할 때는 속독으로 훑어보고 떠나고, 여유가 있을 때는 느긋하게 머물러 꼭꼭 씹어 정독을 한다.

'세계는 아름다운 책 한 권에 도달하기 위해 이루어졌다'고 말라르메는 말했는데, 이 무수한 책의 결을 만들어 내기까지 바다는 바람과 마그마가 빚어 내는 퇴적과 해식의 이야기를 한 자 한 자 육필로 써내려가고 있다.

7천만 년 전 중생대 백악기 대규모 지각변동이 있을 때 저지대인 이곳으로 물이 흘러들어 거대한 호수가 만들어지면서 시작되었다는 채석강. 그 후 화산 폭발로 사라진 호수는 신생대 때 오랫동안 자갈 모래 진흙이 겹겹이 쌓인 퇴적층이 해수면 변동에 의해 깎이고 잘려 나가면서 수천, 수만 권의 지질 암석 서재가 된 셈이다.

변산반도 끝자락 해안을 따라 1.5킬로미터에 단 한권도 똑같은 책이 없다. 긴 세월 부대끼며 찢겨져 하늘하늘 헤진 책들이 두께도 내용도 각기 다르다. 어느 파도가 읽다가 접어 두었을까, 한쪽 모서리가 꼭 눌려 접혀있는 이 책은. 언제 읽다가 덮어 두었을까, 청동 빛 푸른 이끼가 살포시 덮인 저 두꺼운 표지의 책은. 호수를 오갈 때 찍힌 공룡의 발자국이 남아 있다는 건 중생대 백악기 시대부터 이곳 바다는 책을 읽었다는 것이리라. 읽고 쌓아 두기를 반복하여 지층이 만든 아름다운 책 무더기가 된 것이다. 평평한 지층 사이에 구불구불 휘어진 지층은 인기가 많은 베스트셀러였나 보다. 얼마나 책장을 넘기고 또 넘겨서 통째로 휘어버렸을까. 인쇄를 막 마친 신간인 듯, 책의 모서리가 단층으로 반듯하고 날렵한 책도 있다. 머지않아 파도의 수많은 손길과 눈길로 책은 또 고서의 빛바랜 흙색으로 변해 가겠지.

　사람의 이야기는 종이에 남지만 바다의 이야기는 돌 위에 새겨진다.
　백사장 맑은 물과 해안 절벽이 빚어내는 단층과 습곡의 파노라마로 오늘도 채석강은 그림 같은 책을 쓴다. 그림책을 쓴다. 만년 애독자 파도가 있으니까.

# 물소리 한 잔, 차 한 잔

화양동 파천

하늘은 물빛을 닮아 옥처럼 맑게 펼쳐지고, 물은 하늘을 우러러 비췻빛으로 흐른다. 물은 돌을 만나 껴안고 돌고, 돌은 물을 반겨 온몸으로 받는다. 이곳 파천의 계곡은 흐르는 물도 선비답다. 점잖게 흘러와서 일갈하듯 콸콸 쏟아지고, 다짐하듯 빙 돌아 유유자적 흘러간다. 쏴아 졸졸 돌돌 하얀 물거품을 토해 내며 낮은 돌은 넘어가고, 높은 돌은 돌아가고 쉼도 멈춤도 없이 도도하게 흐른다. 바위에 걸터앉아 가만히 들여다보고 있노라니, 물은 흘러도 산 그림자는 그대로 있고, 물소리 새소리만 소리에 소리를 겹쳤다 지운다. 아무것도 하지 않고 들여다보는 것만으로도 어느덧 답답했던 내 안에도 맑은 도랑물 소리가 들린다.

집채만 한 바위부터 크고 작은 돌들이 즐비하여 돌 사이로 물이 흐르는 게 아니라 물 위로 돌이 흘러가는 것만 같다. 누긋한 너럭바위는 움푹 팬 상흔마저 솜처럼 부드럽고 어머니 치마폭처럼 푸근하다. 오목한 자리마다 찰랑하게 채워진 물들이 저마다의 호수가 되어 고여 있다. 실로폰처럼 통통 치면 맑고 사랑스런 소리가 골짜기에 가득 채워질 것 같다. 얼마나 많은 물의 유희와 애무로 돌은 사랑의 흔적을 동그랗게 남겼을까. 구름이 지나가면 구름을 품고, 산이 기웃거리면 산을 품는다. 다가가 들여다보니 하늘과 내가 얼비친다. 까칠한 마음과 모난 말로 늘 날이 서 있지 않나 돌아보라 타이른다.

이곳은 이름마저 신비로운 파천巴串이다. 흐르는 물결이 용의 비늘을 꿰어 놓은 듯 빛나고, 여기저기 즐비한 바위들이 용의 비늘 조각 같기도 하여 붙여진 이름이다. 금강산 남쪽에서 산수의 절경이 으뜸인 이곳 화양계곡은 그중 아홉 곳을 뽑아 화양구곡이라 칭하였고 그 가운데 한 곳이 파천이다. 서인 노론의 영수인 우암尤庵 송시열宋時烈이 은거하던 곳에 세워진 사액서원인 화양서원이 있는 곳이다. 2014년 명승지로 지정된 화양구곡은 마치 하늘을 떠받들고 있는 듯 기암괴석이 가파르게 솟아있는 경천벽 제1곡을 시작으로, 북쪽 계곡의 맑은 물이 소를 이루어 화창한 날이면 구름의 그림자가 비친다는 제2곡 운영담을 지나, 효종이 승하하고 우암이 새벽마다 올라가 엎드려 통곡했다는 제3곡 읍궁암, 금싸라기 같은 금빛 모래가 펼쳐져 수려한 화양계곡 최고의 절경인 제4곡 금사담, 별을 관측할 만큼 층층이 겹쳐진 바위가 아슬하게 솟은 제5곡 첨성대, 다리를 건너면 뭉게구름처럼 솟은 바위가 구름과 만나는 제6곡 능운대, 숲을 따라 오르면 길게 누운 용이 꿈틀거릴듯한 제7곡 와룡암, 백학이 집을 짓고 새끼를 낳아 길렀다는 전설처럼 여기 저기 낙락장송이 서있는 제8곡 학소대, 마지막 제9곡이 용의 비늘을 꿰어 놓은 것 같은 새하얗고 매끄러운 바위들이 장관인 이곳 파천巴串이다.

　신선들이 내려와 술잔을 나누었다는 파천, 그중 가장 너른 바위에서 오늘은 술이 아닌 차 자리를 펼쳤다. 솟아오른 커다란 바위가 병풍으로 진한 그늘을 만들어 주고, 옥같이 반반한 너럭바위를 찻상 삼아 자연과 벗하여 즐기는 차는 세상 부러울 것 없는 신선의 차 자리요, 최상의 풍류다. 제일 먼저 우암 송시열 선생께 예를 갖추어 차 한 잔을 올린다. 준비한 말차 그릇에 정성을 다해 격불을 하니 찻잔 가득 피어난 유화가 유난히 곱고 풍성하다.
　수레바퀴인문학 회원들과 이곳을 방문한 여행객이 다 함께할 수 있도록 오늘은 백련꽃차를 준비했다. 너른 백자 수반에 초록의 연잎이 펼쳐지고 그 위로 하얀 백련 꽃봉오리가 한 잎 한 잎 꽃잎을 펼치자 수반은 어느새 눈부신 백련 호수가 된다. 온돌처럼 데워져 따스한 너럭바위 위에서 계곡의 물소리를 들으며 백련차의 향기에 취할 때, 숲속에서 불어오는 시원한 산바람은 신선의 경지다. 은은한 차향에 취해 가만히 눈을 감고 사색에 빠진다. 물 흐르는 소리, 새소리, 바람소리와 마주한 찻잔이 건네는 맛과 향은 무엇과도 바꿀 수 없는 진한 여운이 된다.

내 안에 도사리고 있던 어떤 미움도 원망도 흐르는 물에 떠나보내고, 듣고 버리지 못한 모든 소음도 계곡의 물소리로 씻어 내리라.

    화양동 기이한 절경이 파천계곡에 있어
    돌 모양이 편편하고 다 깨끗하네
    물의 근원 찾아 탁 트인 곳 이르러
    선생 추억하며 지팡이 신발 놓고 쉬어가네

우암 송시열을 기린 송은헌 선생의 마음이 흐르는 이곳에 마냥 쉬고 싶다.

부러울 것 없는 여유가 물빛에 반짝인다.

제5부

# 봄날의 표정

무표정한 목석에게 미소를 건네는 고운 눈살이요,
차디찬 얼음장 위로 살포시 내려앉은 정겨운 햇살이다.

# 문살의 표정

벽에 문과 창이 없다면 단절이다.

문과 창에 문살이 없다면 눈 뜬 장님이다.

문살은 무표정한 목석에게 미소를 건네는 고운 눈살이요, 차디찬 얼음장 위로 살포시 내려앉은 정겨운 햇살이다. 굳게 다문 입으로 자분자분 이야기를 들려주는 이야기꾼이요, 간결한 선 하나로 수많은 표정을 그려내는 그림쟁이다. 바람을 따라 칸과 칸을 드나들며 숨결을 수놓는 바느질꾼이요, 자 없이도 제 가진 그림자만으로 기하학적 도면을 완성하는 능숙한 제도사다.

꽃 문살을 만나러 가는 길은 뽀얀 창호지 빛 베일을 드리운 하늘이 눈 내릴 채비를 하고 있다. 저만치 앞산은 자욱한 구름이 눈을 몰아 짙은 띠를 두르고 주저앉을 듯 낮게 떠 있다. 이윽고 차창에 찡긋찡긋 눈짓이 소리 없는 윙크를 한다. 꽃샘이라 하기엔 넉살 좋은 눈송이다.

한겨울에도 보지 못한 함박눈이 소담스레 퍼붓는다. 산모퉁이를 돌아서면 숨바꼭질하듯 햇살이 화들짝 나타나고, 이내 저만치 앞산 허리는 회색빛 눈발로 훌라후프를 돌리고 있다. 멀지 않은 거리를 오는 동안 눈발과 햇살의 교차가 서너 번 이어진다. 울다 웃는 인생의 고비가 이 짧은 여정에 고스란히 재현된다.

쌍계사에 이르니 이곳은 눈발은 흔적조차 없는, 문득 피안의 봄이다. 겨울을 건너온 지 한참 지난 듯, 저수지를 따라 수양버들은 돌돌 흐르는 물에 제 몸매를 뒤척여 비춰보고, 고목의 청동빛 이끼는 초롱초롱한 눈망울로 제 몸 색을 등잔 심지 올리듯 돋우고 있다. 마치 온실에 들어선 듯 포근하다. 햇살과 만난 저수지 수면 위로 반짝이는 윤슬이 찰랑찰랑 봄노래를 지휘한다.

대웅전 꽃문살 앞에 선다. 종교도 다른 내가 이곳을 가끔 들르고 싶은 것은 정면 다섯 칸 열 짝에 아로새겨진 문살을 만나기 위해서다. 모란, 연꽃, 국화, 작약, 무궁화, 매화가 막 피어오른 듯 사계를 넘나들며, 만화방창 장엄한 꽃밭의 세계다. 양팔을 벌려도 품에 들어오지 않는 우람한 느티나무 기둥과 비바람에 만고풍상을 겪은 아름드리 칡넝쿨 기둥 사이로 펼쳐진 연화장이다.

빛바랜 문틀을 가로질러 두꺼운 나무를 통째로 새김질한 꽃잎 한 장 한 장의 조각이 붓끝에서 태어난 듯 섬세하다. 꽃에서 잎으로 이어지는 질서 정연한 단아함과 꽃잎 위에 채색된 오묘한 빛깔은 차마 범접할 수 없는 깊이와 무게로 온몸에 전율이 일어난다. 가만히 법당 안으로 들어서자 꽃문살을 통과한 햇살은 깨달음을 얻은 듯 온화하게 괴어들고, 너머의 경계는 무소유의 텅 빈 공간을 가득 채우고 있다. 사바의 괴로움은 이 꽃문살을 건너와 법이요, 진리요, 극락인 부처의 품에 안겨 소멸되고, 평온과 고요만이 풍성한 공양이 된다.

 문살의 아름다움은 한옥과 만나면 제격의 어울림이요, 상생의 조화다.
 내 그리움 중의 가장 애틋함은 한옥에서의 살림살이다. 그 가운데에서도 나는 창과 문에 특별한 애정을 가졌다. 해마다 가을이면 창호지를 바르고 아껴 두었던 마른 꽃잎을 문고리 둘레에 덧발라 장식하고 일 년 내내 즐기는 것이 소소한 즐거움이었다. 여름이면 요란한 고음의 매미 소리도 노긋하게 귓전에 들려주고, 싸락눈이 쌓이는 겨울날엔 하얗게 여윈 빛으로 추위도 함께한다. 안방에는 정갈한 격자무늬 띠살문의 포근함이, 대청으로 통하는 장지문에는 팔각빗살무늬의 조화미가, 부엌 아자문 창살 사이로는 하늘과 구름이 마음껏 드나들었다.

 한지를 배경으로 세월에 길들어가는 문틀에 기대어 씨줄과 날줄이 엮어내는 단아한 조화, 야단스럽지 않으면서도 질리지 않는 질서와 약속이다. 견고한 고졸함이 빚어내는 문틀의 편안함은 바라보는 것만으로도 포근한 위안이다.

　먼동이 틀 때는 파르스름한 새벽빛을 냉수인 양 머금고, 한낮에는 우윳빛 뽀얀 속살로 마음껏 햇살을 끌어들이고, 저녁에는 오색 찬연한 노을빛으로 오묘한 신비의 향기를 불러온다. 하루치 익은 햇살이 문살 위에 내려앉자 문살의 그림자도 소곳하게 고개를 숙인다. 안과 밖을 넘나들며 온도도 습도도 사람의 온기로 채워 준다. 햇살의 위치에 따라 문살은 제 그림자 기울기를 조절하며 무채색의 입체화를 그린다. 담담하지만 질서 정연하고 단순하지만 바라보는 것만으로도 고요한 쾌감이 느껴진다. 나는 그때마다 몬드리안의 작품 세계가 우리의 문살에서 영감을 얻어낸 건 아닐까 생각하곤 한다.

　햇살 아래 직선이 빚어내는 곡선의 만면희색 부드러움이다.

# 떨림과 울림

에밀레종

    그네처럼 매달린 방망이를 가만히 잡아 종 아래쪽 당좌를 '둥' 치자 묵직한 쇠에서 당찬 종소리가 일갈하듯 웅장하다. 웅숭깊은 첫 울림은 내 몸을 한 바퀴 조이듯 감았다 서서히 풀어주며 차르르 퍼져 나간다. 온실처럼 따사로운 봄 햇살에 은은한 종소리가 닿자 비췻빛 파문을 만들며, 너울너울 연둣빛 숲속으로 스며들듯 잦아진다. 다시 한번 잡고 있던 당목을 치고 가만히 눈을 감는다. 작설차 한잔을 머금었다 한 모금씩 넘길 때처럼 실핏줄을 타고 전신으로 퍼지며 세포 하나하나가 긴 울림의 여운 속으로 빠져든다. 종소리의 여음이 사라지기를 기다렸다가 또 한 번 타종을 해본다. 달걀의 곡선처럼 미려한 종의 몸에 가만히 손을 올려본다. 웅장하고 심오한 첫 소리에 종의 온몸이 떨린다. 차츰 소리가 맑고 청아해지자 진동도 따라서 온화해진다. 그리고도 한동안 은은한 여운과 오묘한 떨림이 유지된다. 내 호흡과 함께 여음의 파고가 같이 숨을 쉰다. 살아 있는 소리다. 종은 온몸으로

소리를 만들고 있다. 제 몸에서 나서 제 몸을 떠나는 파장의 마디마디 흔적이 보이지 않을 때까지 거대하고 차디찬 몸을 종잇장처럼 파르르 떨며 소리를 내보내고 있다. 잠든 영혼은 깨우고, 탁한 영혼은 맑히고, 어두운 영혼은 밝히라 하여 신神의 종소리인가? 저음인가 하면 무겁고 장중하며, 끊어졌나 하면 다시 이어지고, 흐르는가 하면 스며든다. 퍼지는가 하면 감아 돌고, 흩어졌나 하면 파고들고, 머무는가 하면 사무치는 이 천상의 소리는 그저 소리가 아닌, 말로는 표현할 수 없는 불립문자요, 영혼을 깨우는 울림이다. 말로 하는 어떤 호통보다 나를 채찍질하는 알 수 없는 힘의 울림이다.

　모든 삼라만상 생명을 깨우고 깨치는 가르침이요, 우주 만물의 기도이며 희망이다.

　종소리의 여운을 놓치지 않으려고 종각 둘레를 천천히 서성인다. 종 박물관 안으로 들어설 때까지도 내 안을 꽉 채운 종소리의 끝은 나를 풀어주지 않았다. 종소리의 여운이 채 가시기도 전에, 거대한 몸집의 '성덕대왕신종'이 거푸집을 벗었다. 세상에 빛을 보는 찬란한 '종의 탄생'이다. '에밀레종'으로 더 익숙한, 안타깝고 아픈 설화를 간직한 종이다. 무게만으로도 18톤이 넘고 구리 12만 근이 제작에 소요되었다 하니 몸체의 위력만으로도 경이롭다. 구릿빛 몸체에 세월이 수놓은 이끼 빛 흔적이 얼룩져 있다. 종 머리에는 용 한 마리가 원기둥 음통을 짊어진 채 고리 역할을 하고 있고, 윗부분에는 연꽃과 당초문으로 띠를 둘렀다. 어깨 밑으로는 연꽃 봉오리 형태로 돌출된 장식이 네 군데 사다리꼴 곽 안에 양각의 36개 종두가 오톨도톨 돋아 있다. 가장 눈길을 사로잡는 아름다움의 극치는 피어나는 구름 속에 금방이라도 날아오를 듯 향로를 들고 부처님께 공양하는, 극락왕생을 염원하는 비천상이다. 그 아래 양쪽으로 당좌가 위치하고 종의 아래 둘레는 연꽃의 문양 띠가 아로새겨져 있다. 종 아래로는 종의 둘레만큼 땅을 움푹 파서 구덩이를 만들었다. 그 패인 움통이 종의 고리에 있는 음통과 연결되어 공명효과를 극대화하는 장치이다. 50여 가지의 주파수가 합쳐지면서 웅장하고 신비한 소리를 만들어낼 뿐만 아니라 우리 인간에게 가장 편안하고 듣기 좋은 음파로 음폭을 길게 끌어주어 긴 여운의 울림이 되는 것이다.

종의 고리 부분도 중국과 일본은 두 마리 용을 마주 세워 고리의 모양을 만든다. 그러나 우리의 범종에는 늠름한 한 마리의 용이 피리 모양 원통과 함께 있다. 이 원통으로 고음은 방출되고 저음은 가두고 잡음은 제거하는 기능으로 신라의 종만이 갖는 특별함이다. 신라가 통일 후 흩어져 있던 백제와 고구려 유민의 민심을 끌어 모으려 애썼던 만파식적萬波息笛의 설화가 떠오르기도 한다.

밖에서 때려서 안으로 울리는 깨달음의 소리, 범종의 소리는 '영혼을 깨우는 소리, 세상을 밝히는 울림'이다. 온갖 번뇌를 벗어나 진리와 만나는 새벽의 소리요, 나를 떠나 참나를 찾는 절대자의 부름 소리다.

인간이 받는 감동은 때와 장소에 따라 참 다양하다. 받아들이는 이에 따라 정도의 차이도 깊이의 수위도 많이 다르다. 나는 늘 조용한 무언의 동작, 소리되지 않는 여운에 깊은 감동의 순간과 환희의 승화를 맛보곤 한다. 그런 순간의 받아들임이 나를 들여다보는 거울이자 카타르시스가 된다. 에밀레종의 울림은 땅에서 울리는 하늘의 묵직한 가르침이다.

# 눈물의 목차

봄꽃을 시샘하는 꽃샘바람이 어서 지나가기를 고대하며 긴 겨울을 버티어 낸 화초들의 목이 사슴처럼 길다. 마르고 창백한 얼굴로 웅크리고 있는 화초들 속에 유난히 파릇파릇한 작은 잎들이 둥근 소래기 한가득 소담스럽다. 분무기로 물을 뿌려주자 수많은 눈물방울이 밤하늘의 은하로 반짝인다. 이름만으로도 애처롭고 신비스러운 '천사의 눈물'이다. 눈물은 너무 슬프니 '천사의 웃음'이라고 부르는 이도 있지만 그렇게 부르기엔 왠지 한바탕 웃고 떠들다 파한 장날의 뒤끝처럼 허전하다. '천사의 눈물'이란 이름 뒤엔 아련한 연민이 있다. 촉촉한 눈가에 우수를 머금고 눈물 뒤의 명료해진 가슴으로 후련해질 믿음이 배어 있다.

우리는 살아가면서 슬플 때, 기쁠 때, 힘들 때, 실연의 아픔 후에, 사랑하는 가족의 죽음 앞에 애통하며 눈물짓는다. 눈물은 흔히 눈의 건강을 위해 생리적으로 고이는 눈물, 먼지나 외부의 자극에 반응하는 눈물, 인간만의 특권인 희로애락의 감정으로 흘리는 눈물, 자연이나 예술품이 주는 감동의 눈물, 그 외에도 참회와 회개의 눈물이 있다.

눈물이 많은 나는, 그 다섯 가지 외에도 '반복과 통일성이 주는 감격의 눈물'을 하나 더 보태고 싶다. 내 안에는 남들보다 더 크고 예민한 촉 하나를 키우고 있는 것 같다. 그 촉은 늘 깨어있어 내 눈물샘과 긴밀한 작용을 하고 있다.

예컨대 나는 통일된 하나의 연속성을 지닌 아름다움과 마주하면 가슴이 벅차오른다.

짙푸르게 펼쳐진 녹차밭의 파노라마를 마주할 때, 한 줄기 부는 바람에 하얗게 파도치는 메밀꽃의 출렁임 앞에서, 수천의 철새들이 일시에 모래를 뿌린 듯 하늘로 비상하는 장관을 바라볼 때, 나는 묘한 감격으로 눈시울이 뜨거워진다.

그뿐만이 아니다. 나는 누군가에게 작은 선물이라도 건넬 때, 꼭 손편지를 동봉한다. 받을 사람의 향기와 빛깔에 꼭 맞는 표현을 찾아서 그 의미에 내가 먼저 도취하고 울컥한다. 또 음악회나 연주회에서도 연주가 끝나고 나면 기품 있는 자세로 여운을 즐기지 못하고, 훌쩍거린다. 서정주의 시 「자화상」을 낭송하다가도 "나를 키운 건 8할이 바람이다"라는 대목에 가서는 8할의 바람을 이기지 못하고 울먹이고 만다.

과연 눈물은 슬픔과 고통의 표현이고, 심약한 사람이 바라는 동정의 수단일 뿐일까? 눈물은 인간의 내적, 본질적 아름다운 존재로 거듭나기 위해 절대 필요한 지극히 자연스럽고도 인간적인 도구요 수단이다. 더구나 자연과 예술작품이 주는 감동의 눈물과 자신을 들여다보는 회개의 눈물은 보다 높은 경지의 극기요, 극복의 수단이며 승화의 경지다.

정호승 시인은 "나는 눈물이 없는 사람을 사랑하지 않는다. 나는 한 방울 눈물이 된 사람을 사랑한다"라고 노래했다.

우리 문화에서 남자는 일생에 세 번만 울어야 한다고 강조해 왔다. 태어났을 때, 부모를 여의었을 때, 나라를 잃었을 때 외에는 눈물을 보이지 말라며 남자의 눈물을 금기시해 왔다. 인간의 감정과 연민에 남과 여, 나이의 고하, 동서양의 구분이 어디 있으랴.

1991년 걸프전 때 다국적군 총사령관이었던 노먼 슈워츠코프 장군에게 "오늘날 미국의 가장 큰 적이 무엇이냐?"고 묻자 "미국에서 눈물 없는 남자들이 많아지고 있다는 사실이다."라고 대답했다.

영국의 다이애나 비가 죽은 후 한 달 동안 정신과 상담자의 수가 절반 정도로 줄었다고 한다. 나라 전체가 슬픔과 애도의 눈물을 흘리면서 우울증과 스트레스를 치유한 카타르시스로 '다이애나 효과'를 얻은 것이다.

사람에게 있어 진실의 두 가지는 땀과 눈물이다. 이웃의 슬픔에 눈물을 흘릴 줄 아는 사람, 요행을 바라지 않으며 땀 흘려 노동한 대가의 가치를 아는 사람만이 진실하다.

내가 아프고 좌절할 때마다 내 어머니의 간절한 기도의 눈물이 나를 살렸고, 달 항아리의 무심한 빛깔이 주는 감동의 눈물이 예술을 살린다. 가장 낮은 자세에서 흘린 회개의 눈물이 내 영혼을 살린다.

한바탕 웃음이 목마를 때 물 한 사발 들이켜는 배부름이라면, 뜨거운 눈물 한 방울은 배고픈 가슴으로 나를 다시 채워주는 바다다.

# 담

담은 집을 담는 그릇이다. 담아서 담이요, 안아서 울이다. 울도 담도 없는 집은 왠지 애잔하고 서글프다. 담도 없이 덩그러니 서 있는 집은 접시도 없이 깎아 둔 과일처럼 궁상맞고, 허술한 속옷으로 파고드는 냉기처럼 허허롭다. 그렇다고 가시 철망이나 유리조각 박혀 있는 높다란 담장을 염두에 두는 건 아니다. 내 기준에 담은 낮을수록 정겹고 친근하다. 내게 있어 담은 경계의 기준선이나 어릴 적 땅 따먹기 할 때 그어 놓던 금 정도의 구분선보다 꼴을 갖춘 정도였으면 한다. 어쩌면 그런 서정적 발상은 도둑맞을 재산도, 위엄을 과시할 으리으리한 집도 소유하지 않았기 때문이기도 하다. 백일홍 봉선화가 둘러 핀 담장이 나의 뇌리에는 정겨운 담장이요, 담장다운 담장이다. 그런 담장 너머로는 가족들의 웃음소리가 담장을 넘으나, 물샐틈없이 방어한 콘크리트의 담벼락 안에서는 불통의 냉기만이 싸하게 전해진다.

꽃을 좋아하시던 엄마는 담 밑에 안쪽으로도 밖으로도 꽃을 심어 철철이 피어나는 꽃으로 식구들뿐만 아니라 지나가는 이들의 마음을 반색하게 만드셨다. 결혼 후, 흙과 돌과 나무만으로 한옥 살림집과 남편 공방을 지어 예쁜 토담을 가진 적이 있었다.

토담의 형태는 판축 기법과 흙벽돌로 쌓는 방법이 있는데 우리가 선택한 작업실의 벽면은 판축 기법이었다. 그때 우리 고유의 전통 토담이 어떻게 만들어지는지, 흙이 뭉치고 다져지면 얼마나 견고한 힘을 갖는지 토담처럼 단단하게 느꼈다. 나무판으로 담장 폭에 맞추어 틀을 만들고, 여기에 한 삽씩 흙을 퍼 담아 다지고, 흙을 채우고 다지기를 반복하여 마치 시루떡처럼 켜켜이 쌓아 올려 담장의 키를 높이는 것이었다. 흙벽돌이야 척척 올려 쌓으면 되는 일이건만 푸슬푸슬 물기 없는 흙을 사람이 하는 절구질로 다지는 일은 그야말로 부지하세월不知何歲月이었다. 너덧 명이 온종일 매달려 다지기를 해도 담장의 키는 마디게 올라갔다. 그렇게 시간과 공을 바친 만큼 다지는 과정에서 흙 속의 공기가 빠져나가고 입자들이 단단하게 뭉쳐지면서 마르고 나면 벽돌 이상으로 단단하게 결속력이 생기는 것이었다. 지금은 남의 집이 되어서 지붕과 주변은 많이 바뀌었어도 토담은 25년 전 모습 그대로 여전하다. 우리나라 판축토성의 축조 원리도 이와 같아서 풍납토성風納土城이나 몽촌토성夢村土城 등이 오늘날까지도 그 모습을 간직하고 있는 것이다. 인간관계도 서로 자주 만나고 다져질 때 결속력도 친밀감도 돈독해지는 것이리라.

내가 좋아하는 담장은 키 작은 흙담이거나 돌담이다.
가을빛이 단풍과 만나 뜨겁게 열애하는 날, 외암리 마을을 찾았을 때는 마침 초가 한 채가 새 이엉을 이는 날이다. 막 가을걷이를 끝내고 샛노란 짚으로 이엉을 하고 용마름으로 마무리를 하고 있다. 비바람에 세월을 이겨낸 오래된 메주 빛깔과 산뜻하게 새로 인 이엉 색이 조화를 이루어 더욱 푹신하고 따뜻하게 느껴진다. 초가를 부드럽게 감싸 안은 키 작은 돌담 너머 댓돌 위에 놓인 신발과 집안의 마루가 환히 들여다뵌다. 큰 돌과 큰 돌 사이를 바람처럼 비집고 들어와 박힌 작은 돌들이 슬하의 자식들 같다. 올망졸망 과하지도 모자람도 없이 제 자리매김으로 조화롭다. 초가지붕의 풍요로운 곡선과, 같은 듯 서로 다른 낯빛으로 모자이크된 돌담은 바라보는 것만으로도 마음이 평화롭다. 개천에서 주워 온 막돌 담장에는 인동초가 넝쿨로 오르고, 담쟁이가 뒤질세라 암팡지게 손바닥을 펴고 따라 오른다. 비스듬히 열린 사립문이 누구나 '목마르면 들어오시오'라고 인심을 불러들인다. 옆집 담장엔 호박꽃이 달빛보다 환하고 넉넉하다. 그 아래 코스모스, 서광, 달맞이꽃, 국화가 키 순서대로 도열하고 있다. 맨살로 햇살에 몸을 드러낸 곶감이 달콤하게 익어가고 있다. 나도 가을 곶감처럼 투명하게 익어가고 싶다. 기와지붕은 은연중에 지체를 알리는 듯 높은 담장이다. 집을 가리고 돌아서 있는 느낌이다. 돌담 위에도 기와를 올려 멋을 살리고, 그 위를 능소화의 요염한 미소가 지키고 있다. 담장 아래 푸른 이끼가 짙고 촘촘한 집안의 내력을 말하고 있다. 오래된 호두나무는 담뱃대를 문 할아버지처럼 근엄하다. 초가의 낮은 담장은 친근하고 다정한데, 기와집 높은 담장은 새침한 듯 냉랭하다.

  늙은 감나무의 가지에 드문드문 매달린 붉은 감이 쪽빛 하늘에 박아 놓은 황수정처럼 빛난다. 돌담으로 이어진 길을 돌아 나오니 풍채 좋은 느티나무가 하늘을 받쳐 이고 거룩한 자태로 서 있다. 60여 채 되는 이 마을이 생기기 전에 나무가 먼저 터를 잡고 마을을 지켜온 수호신이다. 거침없이 솟아오른 나무의 몸에 600여 년의 세월을 견디어낸 상처가 우물처럼 패이고, 그 자리 시술의 흔적이 덮였다.

  돌담은 돌아서 길을 내고 길은 시간을 길들여 길라잡이로 나를 안내한다. 걷고 걸어도 더 걷고 싶은 길, 보고 또 봐도 다정한 길이다. 생김도 색깔도 각기 다른 막돌들이 고요하게 어울려 익어가는 가을의 운치는 그윽하다 못해 곡진하다. 산 아래 지붕이 이루는 능선과 그 능선을 닮아 개울이 흘려 놓은 물줄기 따라 허리를 구부렸다 펴는 담장의 곡선이 살갑다.

  집을 담는 담은 낮아야 정겹고, 사람을 담는 인품은 넓어야 정이 간다.

# 문화의 꽃밭
## 국립무형유산원

 트럭 가득 짐을 꾸려 출발하는 길에 봄볕이 앞장선다. 기대와 다짐으로 봉긋한 아들의 어깨를 차창으로 스며든 햇살이 꼭 안아준다. 덩달아 설레던 나도 가만 눈을 돌리니 전주행 바깥 풍경이 한결 따사롭다. 국가무형문화재 사기장 이수자가 된 아들이 국립무형유산원 레지던시 과정을 위해 입소하는 날이다.

 앞으로는 전주천이 흐르고, 뒤로는 남고산이 두 팔을 벌려 끌어안고 있는 아늑한 곳에 5층 규모의 국립무형유산원이 늠름한 모습을 드러낸다. 넓은 대지에 건물의 크기만으로도 전승과 활용의 거점 공간으로서의 자리매김이 충분해 보인다.
 뒤로는 대나무 숲이 만든 산책길이 있고, 전주천의 원류인 산성천이 무형유산원 사랑채 사이로 흐르며 잘 가꾸어진 정원과 솟구치는 분수가 무형유산원의 표상으로 활기차다. 8개 공간을 나누어 배치하고 저마다의 건물 이름을 '마루'라 칭하여 문화유산의 향기가 묻어난다. 이곳 국립무형유산원은 전승자들의 창작과 활동을 지원하고, 무형유산을 조사·연구·기록하며, 다채로운 공연과 전시가 이루어지는 곳이다. 무형문화유산을 체계적으로 보호하고 전승하기 위해 세워진 세계 최초의 무형유산 복합 행정기관으로 자리매김한 공간이다. 무형 문화유산을 다양하게 변화하고 면면히 이어 갈 젊은이들의 터전으로서 우리 고유의 얼과 지혜, 멋과 흥이 넘치는 곳이다.

무형유산 영상을 통해 과거를 만날 수 있는 아카이브 자료실, 해외 무형유산과의 활발한 교류가 이루어지는 국제회의실, 무형유산의 즐거움을 온몸으로 체험할 수 있는 교육 공간 등 분야별 특성에 맞는 시설들이 있다.

무형문화유산의 의미와 가치에 대해 알아볼 수 있는 상설전시실, 다양한 주제들로 꾸며진 기획전시실, 전통의 멋과 흥을 느낄 수 있는 공연장을 갖추고 있어 무형문화재 상설·기획·초청 공연이 이루어진다. 유네스코 인류무형문화유산 등재 종목 교류 공연이 펼쳐지는 '얼쑤마루'를 중심으로 오른쪽으로 무형문화재 전승자의 레지던시 공간이다. 이곳은 워크숍, 연관 분야 전문가 자문을 통해 작품 제작과 전시 등의 창작활동과 작업 공간인 '전승마루'이다. 사무공간인 '도움마루'와 전승교육 프로그램 참여자와 전승자를 위한 사랑채가 있다. 좌로는 국가무형문화재 및 유네스코 인류무형문화유산을 주제로 특별전이 열리는 '누리마루', 국가무형문화재로 지정된 전통공예 예술,

의례 의식, 전통놀이 무예, 전통지식을 중심으로 국가무형문화재 보유자를 조명하는 상설 전시실이 있는 '열린마루'와 세미나와 국제회의장이 있는 '어울마루' 등 8개 동으로 나뉘어져 있다.

아들에게 배치된 작업실은 전승마루 공예전승실 창의공방이다. 넓고 쾌적한 공방에는 작업에 필요한 기본 시설이 잘 갖추어져 있다. 작업대를 정리하고 나니 당장이라도 작업을 하고 싶다는 아들의 열정이 갸륵하다. 숙소도 가까운 거리에 있어서 시간을 아껴 작업에 몰두할 수 있는 충분조건이 갖추어진 셈이다.

건물 가운데로 흐르는 시냇물처럼 시대를 따라 흐르는 문화의 줄기 위에 오늘의 새로운 물줄기가 보태지며 문화라는 거대한 바다로 흘러간다.

메마른 가지에 꽃물을 들인 홍매화, 그 아래 봄의 전령사 수선화가 고개를 살포시 숙여 피고, 색색의 튤립은 전구를 켜 놓은 듯하다. 코를 찌르는 향기 주머니 히야신스, 크로커스, 은방울꽃, 모란 등 모양도 색도 각기 다른 꽃이 모여 꽃의 밭이 된다. 아치형 구름다리 위로 올라가 내려다보니 8개 동으로 나뉜 무형유산원이 커다란 꽃봉오리다. 인간의 재능이 만들어 내는 무형의 문화는 각기 다른 꽃잎과 각기 다른 빛깔이 어울려 빚어 내는 꽃밭이다. 이제 막 꽃눈을 준비하는 꽃, 망울만 맺히고 피기 직전의 꽃, 이제 막 꽃잎을 터뜨리는 꽃, 활짝 벙글어 만개한 꽃, 빛깔도 모양도 피는 시기도 각기 다르다. 저마다의 꽃이 모여서, 피고 지며 무궁하게 이어지는 문화의 꽃밭이다.

한 송이 꽃이 피기까지는 봄의 온기가 필요하다. 거대한 문화의 꽃밭에 한 잎 꽃잎으로 피어나기 위해, 꽃눈을 매단 아들이 햇살을 향해 제 몸을 기울일 수 있도록 자리를 비켜선다.

# 민들레의 영토

　명주실 같은 햇살이 올올이 풀려나와 뜰 안으로 퍼져 내리면, 섬돌 사이사이에 입을 꼭 다물고 맺혀 있던 봉오리들이 노란 이를 드러내고 배시시 웃는다. 수줍은 듯 하나씩 얼굴을 내밀기 시작하다 마당 가득 햇살이 채워지면 어느새 뜰은 민들레 화사한 얼굴로 노란 융단이 깔린다. '앉은뱅이'라는 별명을 가질 만큼 낮은 자세로 겸손한 꽃. 가만히 다가가 들여다본다. 마치 피어오를 꽃을 위해 치마폭을 다독여 펼쳐 놓은 듯, 톱니 모양의 잎이 꽃보다 먼저 피어나서 자리를 깔았다. 그 가운데로 가녀린 꽃대를 세우는 중이기도 하고, 벌써 잎자루도 없는 통꽃이 한 잎 한 잎 모여들어 동그랗고 탐스러운 한 송이 우주로 피어난 것도 있다. 그 노란 우주 안에는 수많은 꽃잎과 암술, 수술, 종족 번식을 위한 갓털과 씨방이 고스란히 모여 있다. 더 부지런한 꽃은 이미 달덩이 같은 한 시절을 풍미하고, 그 자손에게 솜털 같은 깃을 달아 떠나보낼 준비를 하고 있다. 긴 자루 끝에 우산 모양의 갓털을 만들어 아무리 먼 길이라도 사뿐히 내려앉을 수 있도록 만반의 준비를 해주고 있다. 몸은 비록 땅바닥을 더듬어 꽃잎을 피우건만 다음 세대에 만들어질 미지의 영토는 더 높고 더 넓으리라.

  돌계단 난간 끝에 흙 한입 베어 물 수 있다면,

  후미진 담벼락 아래 한 줌 햇살 업을 수 있다면,

  보도블록 틈 사이 입술 축일 물 한 모금 머금을 수 있다면,

  민들레는 저 한 몸 머물 자리를 타박하지 않는다. 더 나은 자리를 물색할 시간에 지금 이 자리 더 깊은 뿌리를 모색한다.

  예로부터 민들레를 서당의 뜰에 심고, 인간의 심성을 곧고 바르게 다스리는 덕목으로 '포공구덕蒲公九德의 꽃'으로 칭송하는 것도 그럴 만한 이유가 있음이다.

  비좁고 척박한 땅에서도 한번 뿌리를 내리면 짓밟히고 뭉개져도 살아남는 생명력이 있으니 인이요, 잎이 마르고 줄기가 잘려도 상처 위에 싹이 돋는 불굴의 강인함이요, 꽃대 하나가 피고 지고 나야 다음 꽃대에 꽃이 피니 장유유서의 예요, 열 내리고 기혈을 풀어주어 한약재, 차, 나물로 쓸모 있음이요, 벌과 나비를 불러들여 주고받는 정이 있음이요, 줄기에서 나오는 하얀 즙이 마치 모유를 연상시켜 어머니의 자애를 나타냄이요, 우린 물로 부모님의 흰 머리를 검게 해드릴 수 있는 효를 함이요, 즙으로는 새살을 돋게 하고 열을 내리게 하는 의술의 어짊이요, 꽃이 지고 나면 바람을 타고 멀리 날아가 스스로 정착하는 용의 모험심과 자수성가의 가르침을 지니고 있으니, 다만 한 포기

풀의 칭찬이 아니라 찬사를 받아 마땅함이 아니겠는가?

나는 여기 '지혜'를 더해 민들레 십덕+德으로 칭송하고 싶다. 꽃잎 가장자리는 화려한 빛깔과 모양으로 벌을 유혹하고, 안쪽으로는 꽃가루받이를 하여 종자를 만드는 영리함을 가졌으며, 작달막한 꽃대가 홀씨를 맺을 때쯤 키를 훌쩍 키워 세찬 바람에 좀 더 멀리 종자를 퍼트리기 위한 생존전략의 비상한 지혜를 발휘하기 때문이다. 바람 앞에 꽃을 지키기 위해 낮은 자세로 있다가 필요할 때는 키를 높이는 오묘한 섭리를 알고 있다. 땅에서는 황금빛 양탄자로 피었다 질 때는 공중에 은하의 꽃을 또 한 번 피운다.

'보다 많은 것을 가지려는 것보다 적게 희망하는 것을 선택하라'는 토마스 아퀴나스의 말처럼 가지고 태어난 것으로 아낌없이 살다 간다.

나도 그를 닮고 싶다. 나도 그렇게 살고 싶다. 바람이 불면 날아올라 바람에 몸을 맡긴 채 가보지 않은 미지의 땅에 먼 여행을 떠난다. 때론 햇빛 없는 땅에 닿아 개미의 먹이가 되고, 물기 없는 바위에 닿아 싹을 틔우지 못할지라도 민들레 홀씨는 희망을 싣고 낙하산을 편다. 그리고 높이 뜬다. 높이 나른다. 마지막 결실의 번식을 위해 키로도 몸집으로도 힘으로도 할 수 없을 때, 그는 좌절하지 않고 가장 가벼운 몸짓으로 가장 먼 곳으로 떠날 채비를 한다. 모든 덕 가운데에서 가장 강하고 고결한 덕은 진정한 용기라고 했던가? 누군가 무모하다 말할지라도 목적이 있으므로 두려움을 떨치고 분연히 떠날 수 있는 당찬 용단이 그에게는 있다.

　유독 돌 틈에 끼어 촛불처럼 깜박이며 피어난 민들레가 내게 말한다.
　"넓을 필요는 없어. 이렇게 좁은 땅에서도 마음만 먹으면 뿌리는 얼마든지 내릴 수 있어. 그리고 이렇게 웃을 수 있는걸. 아주 먼 곳까지 씨를 날려 보낼 수도 있으니 말이야."
　해가 서산으로 기운다. 초롱초롱한 눈망울로 눈웃음치던 뜨락의 민들레들이 지그시 눈을 감는다. 내일 아침 해는 다시 떠오를 테니까.

## 쑥 향기에 실려 온 그리움

 동안거 마친 겨울이 저만큼 물러나 앉아 마지막 걸치고 있던 겉옷을 벗어놓고, '휴' 하고 길게 숨을 내뱉는다. 남풍에 실려 온 부드러운 봄빛에게 이제 그만 자리를 내줄 모양이다. 계절의 순환도 인간의 생사도 오면 가고 만나면 헤어지는 자연의 섭리를 거역할 수 없음이다.
 파릇파릇 논두렁 밭두렁에는 봄쑥, 돌나물, 뽀리뱅이, 지칭개, 냉이, 망초대 들의 재잘거림이 돌 틈을 돌아 흐르는 개울물 소리와 도란도란 주고받는 대화가 정겹다. 그중에서도 다보록하게 쑥쑥 올라오는 쑥 향기에 끌려 이맘때가 되면 홀린 듯 바구니 하나 들고 들판으로 나선다. 내게 있어 1년의 시작은 갓 올라오는 여린 쑥을 뜯어서 쑥국, 쑥떡, 쑥차 만들어 먹고, 일 년 내 먹을 쑥을 저장해 두는 일부터 시작된다. 마치 작년에 쑥 난 자리에 어김없이 쑥이 돋아나듯, 어머니가 생전에 하시던 연례행사를 나 또한 그대로 하고 있는 것이다. 어머니가 즐기시던 그 입맛을 나 또한 그대로 닮아 쑥으로 만든 음식은 무엇이든 좋아한다. 여린 쑥을 한 잎 한 잎 찻잎 따주듯 따노라면 손톱은 까맣게 물들지만 바구니에 쑥이 그득하게 채워질 때면 스산했던 마음은 쑥 향기로 물들고, 썰렁한 가슴은 봄바람으로 훈훈하다. 양지바른 언덕에 소복하게 돋아난 쑥 무더기를 마주하니 곁에서 머리에 수건을 두르고 쑥을 뜯으며 가만가만 나직한 어머니 목소리가 들린다.

"땅에 나는 풀 중에 쑥만큼 인간에게 이로운 게 또 있간디? 100일 동안 쑥과 마늘만 먹은 곰이 인간이 되었다는 단군신화가 괜히 나온 게 아녀. 쑥은 내 아는 것만도 참쑥, 물쑥, 제비쑥, 산쑥, 인진쑥, 개똥쑥, 약쑥……. 그 가짓수만큼이나 제각각 쓸모가 다 다르당께. 국 끓이고 떡 해 먹지, 차로 먹고 즙 내고 환 지어 약으로 먹지, 뜸 뜨고 훈김 쐬어 병 고치지, 버릴 게 없는 게 쑥이여. 근디 이른 봄에 나는 어린 것은 식용, 약용 가릴 것 없이 다 먹어도 독이 없어. 다 약藥이 되고 보補가 되지. 지금은 이 흔하디흔한 풀이 배곯던 보릿고개 시절, 먹을 입은 여럿이고 내 가족 먹기도 힘든데 객식구는 많고, 이 쑥이 없었다면 굽이굽이 어떻게 넘어왔을지 다시 생각해도 아득한 세월이다……."

말씀하시며 하염없이 먼 산을 바라보시던 어머니를 떠올리자 눈앞이 뿌옇게 흐려와 그만 손을 놓고 먼 허공을 바라본다. 곤줄박이 새 한 마리가 이 가지에서 저 가지로 사뿐사뿐 날아오르며 어머니 소식을 전하려는 듯 내 주변을 맴돈다. 오조사정烏鳥私情이라고 했던가? 까마귀도 어미의 길러준 은혜를 갚을 줄 알거늘 나는 이제 어머니 모실 때를 다 놓쳤다. 생명이 있는 만물은 봄이 되면 다시 오건만……. 떠나신 부모님 회한에 가슴이 먹먹하다.
 갓 스물에 서울로 시집와서 시부모님과 시동생들을 건사하며 주변 사람 잘 챙기시는 아버지의 넓은 오지랖으로 날마다 손客은 많고 끼닛거리가 모자라 쑥국으로 죽을 끓여 허기를 면했다는 그때. 어머니는 쑥으로 끓인 죽도 모자라 쌀알과 쑥을 차례로 떠내고 나면 바닥에 남은 국물만 훌훌 마시고, 끼니 거르기를 밥 먹듯이 했다는 얘기를 나는 그저 동화처럼 들었을 뿐이니 한없는 죄스러움과 그리움에 목이 멘다. 날이면 날마다 쑥을 먹어서 질릴 만도 한데 평생을 먹어도 쑥을 좋아하시던 어머니. 쑥 부침개며 쑥떡, 쑥차, 쑥국, 쑥 튀김…… 이제 어머니께 내 손으로 해드릴 수 있으련만, 어머니는 다시 뵐 수 없는 먼 곳에 계신다.

 쑥을 다듬고 씻어서 콩가루를 묻히고 된장을 풀어 끓이니 쑥 향기가 어머니 앞치마에 배어 있던 그 그리운 냄새다. 여린 생쑥에 쌀가루를 골고루 묻히고 훌훌 털어서 베보자기를 깔고 쪄내니 한 솥 가득 하얀 눈이 소복하게 내려앉은 듯, 봄내음 물씬한 쑥버무리가 되었다. 어머니가 해주시던 때만 해도 쌀가루는커녕 밀가루로 버무려 털어내서 만들었는데, 그 쑥털털이는 왜 그리 맛이 있었던지.
 쌀가루에 데친 쑥을 넣고 절구에 차지게 빻아서 반죽을 한다. 방앗간에서 갈아 오는 것보다 손으로 빻아야 찰지고 맛있다, 하시던 어머니 말씀 대로 쑥떡을 만들 차례다. 반죽을 치댈수록 쫀득한 식감이 되

살아나니까 팔 아픈 것쯤은 감수한다. 동글 납작 반반하게 만든 떡을 청미래 잎을 깔고 한 켜씩 안쳐서 알맞게 쪄내면 파르스름하던 쑥색이 숙성된 청록빛으로 먹음직스럽다. 솥뚜껑을 열자 훅 퍼지며 집안을 채우는 쑥 내음이 안기고 싶은 어머니 품속처럼 익숙하다. 그 위에 소금 간을 해서 참기름을 발라주면 고소함에 윤기 자르르 흐르는 쑥갠 떡이 만들어진다.

깨끗이 씻어 넌 쑥이 채반에서 물기를 다 걷고 나면 쑥차를 만든다. 도자기 솥에 열기를 확인하고 쑥을 넣고 덖고 비비기를 반복한다. 찔 때와는 다르게 쑥을 덖으며 쑥 향과 더불어 내는 그 구수한 향기는 모든 삿되고 탁한 잡념과 냄새를 소멸하고, 정하고 선한 기운을 충만케 한다. 고슬고슬하게 덖은 차가 뜨거운 물을 만나 돌돌 말린 제 몸에 간직한 향과 약성을 고스란히 풀어 놓는다. 쌉싸름하면서 달착지근한 뒷맛이 입안을 말끔히 씻어 내고 쑥 향이 온몸으로 퍼지니 하루의 피로가 눈 녹듯 녹아내린다. 나로서는 그나마 차 공부를 했다고 살청殺靑이니 유념揉捻이니 제다 과정을 거쳐 차를 만들지만, 그 옛날 어머니는 어떻게 그 맛깔스러운 쑥차를 만들어 주셨을까 생각하니 어머니의 손맛이 더욱 그립다.

어머니는 가시고 해마다 어머니의 따사로운 마음처럼 봄 햇살 고인 자리에 곱게 피는 쑥, 하얀 솜털이 보송보송한 여린 쑥이 어머니의 고단한 삶 속에 내쉬던 한숨처럼 뽀얗다.

# 콩댐

잊혀 가는 것들의 아름다움은 그리운 축복이다.

기억에서 떠나기 전에, 내 언저리에서 더 멀어지기 전에 꺼내서 문지르고 닦으면 빛이 나고 빛이 되어 빛을 보게 된다. 오래된 것들에게서는 오래 숙성시킨 솔향이 난다.

어젯밤부터 불려 놓은 콩을 갈고 찹쌀풀을 쑨다.

초배지가 다 말랐으니 대접을 엎어서 거친 부분을 매끄럽게 문질러준다. 이렇게 하면 바닥의 모래알이나 돌기를 고르기에는 안성맞춤이다. 시멘트 포대 종이를 곱게 펴서 같은 크기로 잘라 두고 껄끄러운 면에 귀얄로 풀칠을 한다. 종이가 질긴데다 장판을 하고 나면 때깔이 곱다 시던 어머니 말씀을 따라 그대로 하고 있다. 가장자리는 더 꼼꼼하게 덧칠하고 마른걸레로 쓸어서 공기를 **빼주며** 정성껏 붙여준다. 종이가 겹치는 솔기가 반듯한지 살펴서 네 귀를 맞추지 않으면 낭패를 보기 일쑤다. '손가락 한 마디씩 똑 고르게 겹쳐 붙이거라' 하시던 엄마 목소리가 들리는 것 같아 풀칠하던 손을 놓는다. 한시도 가만히 계시지 않고 일만 하시던 엄마는 한쪽을 못 쓰고 누워 계신 지 몇 해째다. 풀칠하던 종이 위로 떨어지는 눈물이 풀과 엉겨 원망으로 끈적해진 멍울을 풀비로 쓸어내린다. 장판지처럼 겹치고 덧바르면 엄마의 인생도 다시 온전한 육신으로 이어질 수 없을까?

번거롭지만 금방 쏜 찹쌀풀은 붓질부터가 기분 좋고 매끄럽다. 도배지를 붙인 후에도 방바닥과 밀착하여 그 찹찹한 결이 감기듯 착 달라붙는다. 사근사근 붙임성 있는 사람처럼 간극이 없다. 불린 콩을 갈아서 치자 우린 물을 넣고 생들기름을 섞어서 면 주머니에 담은 후 주둥이를 묶어 콩댐을 시작한다. 몇 번을 문지르자 방안 가득 들기름 향이 퍼지더니 집안 전체가 고소한 향으로 출렁하다. 심한 입덧으로 냄새에 유독 민감했는데, 신기하게도 들기름 향에 뱃속 아기의 발길질이 힘차다. 제 보금자리 꾸미는 줄을 알기라도 한다는 듯이. 슬근슬근 흥부가 톱질하듯 장판 위를 문지르면 뽀얀 콩물이 종이 위에 배어든다. 너무 많이 울컥 나와도 색이 뭉치고, 너무 꼭 짜서 물기가 부족해도 힘이 많이 들어 그 또한 예삿일이 아니다. 힘의 분배를 잘못 하면 장판에 얼룩이 생기기 십상이니 수도하는 마음으로 문지르고, 기도하는 마음으로 살펴야 한다.

쉬엄쉬엄 해보자고 시작했지만, 만삭 배를 앞세우고 하기엔 만만

한 일이 아니다. 어느새 이마에 땀방울이 맺히고 허리를 뒤로 젖히고 쉬기를 반복해야 한다. 태어날 아가를 병아리 빛깔 고운 장판 위에 누일 생각을 하면 입가에 흐뭇한 미소가 지어지며 일손이 가벼워진다. 문지를수록 머금은 듯, 배어든 듯, 짙어지는 콩색과 치잣빛의 오묘한 빛이 진해진다.

  콩댐을 하고 불을 때고 말리고, 마르면 또 하루 콩댐을 하고 하기를 보름은 걸려 대여섯 번 한 것으로 기억된다. 그렇게 마무리한 뒤에도 마른걸레로 문지를수록 광택이 나고 그 결이 살아난다.

  기다림의 시간이 긴 만큼 수고와 정성을 쏟은 만큼 콩댐한 장판은 우리 몸을 제 살처럼 받아주어 달팽이집처럼 포근하고 아늑한 안식처가 되어줄 것이다.

  콩댐은 장판뿐 아니라 목재에도 많이 쓰인다. 기름막이 나무 깊숙이 침투하여 나무의 제 색깔은 더욱 선명하게 드러내고, 벌레는 퇴치하기 때문이다. 함지박이나 마룻바닥, 대들보와 나무기둥에도 콩댐을 하면 세월이 흐를수록 그 은은한 빛에 무게를 더 해간다. 어떤 인위적인 물감이 이 빛을 대신할 수 있으랴.

  방문을 여니 황금빛 반지르르 윤기 흐르는 장판 위에 건강하게 태어난 아가가 새근새근 잠들어 있다. 오방색 가운데에서도 중앙 색인 황금빛 장판은 나에게는 더 큰 안정과 광명의 빛이 되었다. 코스모스 꽃잎 한 장 붙이고 한지 바른 창문의 격자 문살이 그대로 방바닥에 얼비친다. 비단처럼 매끈하고 유리처럼 반짝여서 들여다보니 내 얼굴이 고스란히 비친다. 재배할 때 바른 장판지가 한 장 한 장 겹쳐지며 기하학적 무늬를 만들어내 간결하지만 세련된 미술품이요 예술품이다.

형형하고 고상한 빛, 방바닥에도 품격이 있다면 이런 것이 아닐까? 은은한 치잣빛에 차분하게 스며들어 따스하고 아늑한 빛. 황토벽의 차분함과 소색 창호지의 은은함, 나뭇결이 살아 있는 서까래를 서로 껴안고 보듬어서 하나가 된 색. 가장 자연스러우나 가장 호사스런 방이요, 가장 소박하나 가장 화려한 방이고, 가장 고요하나 가장 화사한 기품을 지닌 방이다. 거기에 발수성과 내구성까지 지니고 반지르르한 윤기로 고고한 기품을 품어내고 있다.

나는 이 넘치지도 모자라지도 않은 중용의 빛이 좋다. 좋아하는 색도 원색보다는 자연색을 선호하고, 삶의 정신에서도 늘 중용을 마음에 새기고 살아간다. 우리 차 문화의 정신이 중용임을 생각할 때, 내가 즐기고 있는 차 생활도 내 타고난 빛깔과 잘 맞는 일인 것 같다. 세월이 지나도 여전히 빛나는 밀홧빛 방바닥의 윤기처럼 나잇살에도 콩댐을 할 수는 없을까.

# 동다리

다리는 끈이다.

이편에서 저편을 이어주는 줄이요, 보이는 세계와 보이지 않는 세계를 이어주는 끈이다. 불국사 청운교와 백운교는 천상의 세계와 지상의 속세, 신과 인간, 피안과 차안을 이어주어 인간의 세계와 부처의 세계를 연결해주는 상징의 이음줄이다. 『삼국유사』 설화 속 고주몽 앞에 나타난 '물고기와 자라가 만든 다리魚鱉成橋'는 새 세상으로 나가도록 통로를 내어주는 이음줄이요, 인간이 이승에서의 희로애락을 뒤로하고 저승으로 떠날 때 건너야 하는 천도는 죽음과 삶을 묶고 있던 목숨줄이다.

이어준다는 말은 참 끈끈하고 친밀한 말이다. 그래서 다리라는 단어를 떠올리면 세파를 건너와 안락의자에 몸을 맡긴 안도감이 든다. 그 다리 위에서라면 험난한 세상은 나와 상관없는 듯, 눈 아래로 내려다보며 훈풍에 머리카락을 흩날리고 풍광을 감상할 수 있을 것이다.

그러나 이어준다는 것은 끊어질 위험을 내재하고 있기에 더욱 조심스럽기도 하다.

내가 어린 시절 살던 동네에는 동다리가 있었다.
그곳은 나와 빨래를 이어 주고, 나의 아동기와 사춘기를 이어 주었다. 또한 남아선호 사상과 남존여비의 성차별 냇가에서 허우적거리는 친구 순이를 붙잡아 준 끈이기도 하다. 나와 친구 순이는 동 다리를 사이에 두고 건너 동네에 살았다. 지금이나 그때나 나는 빨래하기를 좋아했다. 흙 묻고 때 묻은 것들을 비비고 문지르면 뽀얗게 변해가는 마술 같은 일이 즐거웠다. 학교가 파하고 집으로 오면, 동다리로 빨래를 하러 갔다. 맑게 흐르는 냇가에는 빨래판으로 쓰기 좋은 넓적한 돌들이 즐비하게 널려 있고, 알맞은 위치에 깔고 앉을 만한 돌도 놓여 있었다. 우리는 약속한 적 없어도 내가 먼저 오면 그 옆 돌 위에 빨랫감을 올려서 순아 자리를 맡아 놓고, 순이가 먼저 오면 똑같이 자리를 맡아서 나란히 빨래를 했다. 집에서는 여러 번 비누칠을 해도 거품이 잘 안나는데, 냇물에서는 쓱쓱 문지르면 풍성한 거품이 피어올랐다. 펑퍼짐한 돌 위에 대고 조물조물 비비면 시커먼 땟물이 쭉 빠져나왔다. 흐르는 물에 설설 흔들면, 물살에 금방 떠내려가고 맑은 물이 흘러왔다. 빨래를 하는 내내 순이는 엄마에게 받은 억압과 설움을 얘기했다. 이를 옹그리며 빨래 방망이로 힘껏 빨래를 두들겼다. 붉으락푸르락 하는 순이 얼굴을 보며 나는 동화를 듣는 것 같았다. 맑은 물이 나오는 옷을 꼭 짜서 따끈따끈하게 데워진 자갈밭에 널어 두고, 우리는 토끼풀이 양탄자처럼 푹신하게 깔린 풀밭에서 네 잎 크로버를 찾았다.

그때 순이는 딸 넷에 아들이 하나인 형제 중에 가운데였다. 아버지는 세무사였고, 어머니도 학벌 높은 신여성(친구의 말)이었다. 그러나 똑똑한 엄마는 아들 지상주의와 선호사상이 하늘을 찔렀다. 아들은 대학원을 보내고, 딸들은 중학교 보내는 것도 아깝다고 늘 구박을 하였다. 딸은 태어나지 말았어야 할 쓸데없는 존재요, 어차피 태어났으니 아들의 장래에 보탬이 되고 조력하는데 온 힘을 써야 한다는 것이었다. 먹는 것도 아들이 먹고 남으면 먹고 없으면 그만이라는 것이었다. 그 성화와 구박에 못 견뎌 언니 둘은 집을 나가고, 순이 혼자 그 지청구를 견뎌내는 것이다. 이름도 그저 외자로 순, 선, 영이라 불러주고, 아들은 작명소에서 거금을 주고 지었다고 했다. 가출한 적이 있는 순이가 또 도망갈까 나는 늘 걱정이 되었다. 순이는 키도 작고 얼굴도 곱지 않고, 친구도 없었다. 순이는 우리 집을 자주 드나들었으나 나는 단 한 번 친구 집을 가보았다. "지지배들이 뭐 하러 떼 지어 다니느냐"고 매섭게 호통 치는 바람에 두 번 다시 가볼 엄두를 내지 못했다. 딸들도 이름에 돌림자를 지어주고 애지중지하는 우리 부모님을 비교하며 복 많다고 나를 늘 부러워했다. 순이는, 네가 없었다면 나는 벌써 이 세상에 없었을 거라고 했다. 확실한 건 세상 물정에 밝은 똑똑한 엄마라는 것, 아들만 아는 친엄마라는 것이었다. 순이와 나는 견뎌

내는 일만이 지금 우리가 할 수 있는 전부라는 작전을 다짐했다. 우리는 매일 **빨래** 방망이로 증오와 원망을 힘껏 두들겨서 냇물에 헹구어 떠내려 보냈다. 헤어질 때는 저녁 햇살이 주는 노을꽃을 한 아름씩 안고 돌아갔다. 그렇게 우리는 동다리를 끈으로 컸다.

착한 순이는 저처럼 착한 사람을 만나서 아들딸 낳고 잘 살아 가고 있다. 그때 동다리에 다 헹궈내지 못한 응어리를 시라는 냇물에 흔들흔들 풀어 내는 시인이 되어서.

# 거미줄에 옥구슬

 비가 그친 아침, 눈이 닿는 곳마다 싱그럽다. 흠뻑 물을 머금은 대지는 만물의 뿌리를 품어 촉촉이 적셔준다. 습자지처럼 보드라운 채송화 여린 꽃잎도 세수를 마치고 환하게 눈웃음친다. 조롱조롱 매달린 백량금 붉은 열매가 루비처럼 빛난다. 앞집 담장 너머 작달막한 감나무에는 대봉 대여섯 개가 매달렸다. 제 가진 몸집에 알맞은 열매를 키워낸 분수를 아는 감나무라는 생각을 한다. 탱탱한 감을 삐국이 매달고 힘에 겨워 곧 부러질 듯 위태로운 가지를 보면 왠지 욕심을 매달고 있는 것 같았다. 작년에도 열 개가 안 되는 감이 달리더니 올해는 그보다 적게 열리는 걸로 보아 타고난 나무의 품성이 맑고 청렴해 보인다. 볼그족족 물들기 시작하는 감잎의 윤기도 더욱 새뜻하다. 이름처럼 제법 실한 대봉은 감꼭지가 있는 부분은 아직 풀색을 띠고 있지만, 뾰족한 아래 부분부터 부끄럼 타는 새색시처럼 물들기 시작하더니 빗물에 씻겨 더욱 상기된 얼굴빛이다. 며칠 비가 오지 않아 옆으로

눕다시피 시들던 국화들도 꼿꼿이 허리를 세웠다. 꽃 진 자리 넓은 치마폭을 다독이던 제비꽃도 파릇해졌다. 초록색과 연두색이 교차되며 무늬를 만들어낸 뱅갈고무나무 잎이 그중 돋보인다. 진하고 흐린 녹색 물감을 풀어 붓질한 듯, 넓은 잎 한 장이 초록의 향연이다. 그 위로 송골송골 맺혀 있던 빗물 방울이, 나무를 툭 치자 또 한번 비가 되어 내린다.

    송알송알 싸리 잎에 은구슬
    조롱조롱 거미줄에 옥구슬
    대롱대롱 풀잎마다 총총,
    방긋 웃는 꽃잎마다 송송송

    고이고이 오색실에 꿰어서
    달빛 새는 창문가에 두라고
    포슬포슬 구슬 비는 종일
    예쁜 구슬 맺히면서 솔솔솔

뒤뜰 화초며 나무에 맺힌 빗방울을 보고 있노라니 어린 시절 부르던 동요를 나도 모르게 흥얼거리게 된다. 〈구슬비〉는 지금의 전경을 사진 박듯 노래에 고스란히 담고 있다. 다시 한번 불러 보아도 입에 착 붙고, 풍경에 꼭 맞는다. 앞집 감나무에서 건너온 거미줄이 창고

처마와 손을 잡고 허공에 은하수를 걸었다. 오채영롱하다. 아름다움은 결코 멀리 있지 않고 비싼 대가를 치러야 얻어지는 게 아니다. 비가 그친 아침에 만나는 무지갯빛 거미의 설치미술은 정녕 눈부신 수작秀作이다. 친환경 소재로 빚어낸 기하학적 구조와 물방울이 만나서 창조해낸 빛나는 예술품이다. 거기에는 한결같은 설계의 철학이 있고, 세심하고 정교한 미학이 있으며, 더디나 기다리는 믿음이 있다. 더하여 나는, 이 신비로운 거미의 집에서 불교에서 말하는 인드라망의 경지를 느낀다. 마디마디에 달려 있는 무수한 보배 구슬이 빛의 반사로 서로를 비추며, 또한 서로를 반사하여 무궁무진하게 어우러지는 장엄한 세계, 그 화엄의 경계문이 보이는 것이다. 촘촘한 직조 위에 얹힌 빗방울과 햇살의 만남이 기워낸 별무리. 그 은하수 가운데 빙글빙글 서까래를 돌려 방을 만들고, 천애의 아스라한 공간에서 묵언 수행 중이다. 그런 장고의 수행으로 자급자족의 도를 터득한 모양이다. 제 몸에서 실을 뽑아 살 집을 제가 짓고, 제 발로 걸려 들어온 먹잇감으로 밥상을 차린다. 아무리 고개를 들고 바라봐도 신기할 따름이다. 맨 처음 이쪽 끝에서 저쪽 끝을 어떻게 연결했을까. 기둥을 세워야 집짓기를 시작했을 텐데 날아올랐을까, 건너뛰었을까. 그 가냘픈 거미줄에 수많은 물방울을 거느렸다. 머리카락의 100분의 1밖에 되지 않는 거미줄에 맺힌 물방울은 얼마의 무게로 걸려 있는 걸까.

  탐문을 거듭한 결과 놀라운 사실을 알게 되었다. 거미줄이 물에 젖으면 일정 간격으로 가닥의 일부가 꼬이며 마름모꼴 매듭이 지어지고, 이 매듭 때문에 물방울이 맺힌다는, 한 생물학자의 연구보고를 보았다. 그 후 나는 비가 그친 뒤엔 어김없이 거미줄을 찍어서 확대해 보는 버릇이 생겼는데, 얼른 믿기 힘들 만큼 놀라운 풍경을 실제로 확인했다. 마치 굵은 실로 매듭을 만들고 구슬을 달듯이, 규칙적이고 정교하게 꼬임을 만들고, 그 끝에 영롱한 물방울이 달려서 진주 목걸이를 엮어 내고 있는 게 아닌가. 눈을 비비고 들여다보지 않았으면 빗자루로 쓱 털어버릴 시시함 속에서 신비한 세상을 만났다.

 비 개인 아침의 발견.

 영랑 시인은 찬란한 슬픔의 봄을 기다리고, 나는 비 개인 찬란한 신비의 아침을 기다린다.

# 낮에 나온 반달

하늘을 쩍 가르는 요란한 소리에 고개를 들어 올려다본다. 저만치 헬리콥터 한 대가 하얗고 긴 꼬리를 남기고 지나간 후, 징소리 끝자락처럼 남은 여음이 푸른 하늘에 흩어지고 있다. 지친 몸으로 귀가하는 이들에게 '참 잘했어요'라고 붉고 진한 동그라미를 하루의 끝장에 꾹 찍어준다. 서둘러 산을 넘으며 플라타너스 꼭대기에 아쉬운 듯 홍싯빛 꼬리를 남긴다. 그것도 잠깐, 살굿빛으로 희미해진 노을마저 데리고 갔다.

2월의 초저녁 싸늘함이 해저에 고인 쪽빛처럼 고요하다. 소생의 봄을 향해 가는 2월에게 시샘이 주는 1월의 곱지 않은 눈빛 온도다. 아직 어둠이 찾아오지 않은 시각, 남쪽 하늘에 창백한 얼굴로 낮달이 걸리었다. 마른 나무 가지 사이를 초점 없는 눈빛으로 아래를 내려다보며 하염없이 떠가고 있다. 낮달의 느린 걸음이 서글픈 건 그날의 서러움이 여전히 남아 있음이다. 이틀 뒤면 형부가 달 아래 세상과 작별하고 낮달로 뜬 지가 30년이 넘는 날이다. 아침에 '다녀오마' 하고 나간 사람이 얼마 후 차디찬 시신이 되어 병원 영안실에서 우리를 오라했다. 버스를 기다리다 길에서 만난 동네 지인이 가는 길에 동행하자며 오토바이 뒷자리에 태워준 것이 생과사의 갈림길일 줄이야. 영안실에 차려진 제사상에서 먹을 것 달라고 떼쓰는 어린 남매를 두고 형부는 끝내 눈을 뜨지 못했다. 꿈인지 생시인지 분간이 안 된다는 말은 이런 황당한 심정의 표현이었다. 넋이 나간 가족들이 밖으로 나와 올려다본 하늘에는 가장자리에 떠 있던 낮달이 하늘 한가운데 빈 접시로 떠 있었다. 우리는 믿을 수도 없고, 들어줄 이도 없는 원망과 넋두리를 담지 않는 허공의 반쪽에 쓸어 담고 있었다. 달의 시위는 저 높은 곳을 향해 쏘아 올릴 자세인데 형부에게 있어 어찌 그 방향은 죽음이었을까. 그날의 달이 보름달이었다면 생과 사, 운명의 화살은 방향을 바꾸어 쏘아 올렸을까? 구할 수 없는 대답을 사방으로 던지며 원망했다.

  보름달로 채우기까지 아직 푸른 날이 많이 남았는데 한창 빛나야 할 한낮에 한 떨기 목련처럼 스러진 낮달은 형부다. 넘어가는 햇빛에 가리어 호롱불처럼 희미한 빛으로 아슴푸레 내려다보는 뜨물 같은 눈빛은 형부의 넋이다. 그리운 가족을 밝은 날 환하게 보고 싶어 서둘러 나왔을까.

  활처럼 휘어진 등의 무게가 삶의 무게가 아닌 죽음의 무게로 걸려 있는 달. 달은 차오르고 다시 기우는데 형부는 늘 그 자리 하현달이다.

낮달은 체념이요, 무심이다. 존재를 포기했으나 엄연히 환히 떠 있는 존재요, 누구도 빛이라 인정하지 않는 빛이다. 낮이 가린 어둠, 어둠이 가린 낮, 생과 사의 그림자가 아닐까.

초승달은 부풀어가는 희망이요, 반달은 절반의 완성이 주는 환희다. 그리고 넉넉한 포옹, 보름달로 차오른다. 그믐달은 다시 차오른다는 전제가 있기에 희망이요, 보름달은 토끼와 계수나무가 있기에 낭만이다. 바라보는 것만으로도 위안이며 풍요이고, 우러르는 것만으로도 은혜이며 기도다. 어둠이 죽음을 대변한다면, 밝은 달은 영생이며 부활의 상징이다. 죽음과 부활은 같은 시공간에 공존한다. 달이 지고 뜸도 눈에 보이는 현상일 뿐, 뜨는 것도 지는 것도 아니었음을.

시야에 들어오면 떠오르는 달이고, 보이지 않으면 져버린 달이라 믿듯이 우리의 삶과 죽음도 자전과 공전의 관계는 아닐까. 보이지 않는 삶을 죽음이라 말하고 보이는 삶을 살아 있다 말하는 순환의 고리일 뿐이다.

떠나보내고 남아서 산다는 일은, 살아도 죽은 것이라는 산을 넘고, 차라리 죽는 게 낫다는 절벽을 오르며, 타박타박 걸어가는 일이다. 어린 조카들은 맨발로 걸어가는 언니의 발품만큼 자라서 각자의 보금자리를 틀었다. 밑창 닳은 신발을 보듬어주는 자식들과 낮달로 지켜주는 남편이 언니의 살아내는 비결이며 기댈 언덕이다.

## 새 떼를 따라가다

**2022년 11월 30일 초판 1쇄 발행**

지은이    김용선
펴낸이    유정환
펴낸곳    도서출판 고두미
           등록 2001년 5월 22일(제2001-000011호)
           충북 청주시 상당구 꽃산서로8번길 90
           Tel. 043-257-2224 / Fax. 070-7016-0823
           E-mail. godumi@naver.com

ⓒ김용선, 2022
ISBN 979-11-91306-37-8   03810

※ 이 책은 충청북도, 충북문화재단이 후원하는 문화예술육성지원사업의
   일환으로 지원을 받아 발간되었습니다.
※ 책값은 뒤표지에 표시하였습니다.
※ 잘못 된 책은 구입한 곳에서 바꾸어 드립니다.